国家社会科学基金项目
"双循环格局中国企业境外上市对资本配置效率的影响研究"
（项目编号：21CGJ045）资助出版

国家社会科学基金一般项目
"双重冲击下中国进口高质量发展机制与路径研究"
（项目编号：21BJY009）资助出版

河北省高等学校人文社会科学重点研究基地
—— 河北大学共同富裕研究中心资助出版

共同富裕理论与实践研究

共同富裕
理论与实践研究

基于贸易视角

乔敏健　孟彤 ◎ 等著

GONGTONG FUYU
LILUN YU SHIJIAN YANJIU
JIYU MAOYI SHIJIAO

中国财经出版传媒集团

经济科学出版社
Economic Science Press

·北京·

图书在版编目（CIP）数据

共同富裕理论与实践研究. 基于贸易视角／乔敏健
等著. -- 北京：经济科学出版社，2025.1. -- ISBN
978 - 7 - 5218 - 6155 - 6

Ⅰ. F124.7

中国国家版本馆 CIP 数据核字第 2024GR8721 号

责任编辑：宋艳波
责任校对：郑淑艳
责任印制：邱　天

共同富裕理论与实践研究
——基于贸易视角
GONGTONG FUYU LILUN YU SHIJIAN YANJIU
——JIYU MAOYI SHIJIAO
乔敏健　孟　彤　等著
经济科学出版社出版、发行　新华书店经销
社址：北京市海淀区阜成路甲 28 号　邮编：100142
总编部电话：010 - 88191217　发行部电话：010 - 88191522
网址：www. esp. com. cn
电子邮箱：esp@ esp. com. cn
天猫网店：经济科学出版社旗舰店
网址：http：//jjkxcbs. tmall. com
固安华明印业有限公司印装
710 × 1000　16 开　9. 75 印张　160000 字
2025 年 1 月第 1 版　2025 年 1 月第 1 次印刷
ISBN 978 - 7 - 5218 - 6155 - 6　定价：78. 00 元
（图书出现印装问题，本社负责调换。电话：010 - 88191545）
（版权所有　侵权必究　打击盗版　举报热线：010 - 88191661
QQ：2242791300　营销中心电话：010 - 88191537
电子邮箱：dbts@ esp. com. cn）

丛书顾问

马海涛　唐任伍　何文炯　蔡双立　武建奇
宋才发　孙健夫　刘树船　陈双专　宋艳波

丛书编委会

总　编：宋凤轩

编　委：

杨文杰　谷彦芳　袁青川　郑林昌　李　林
郭子雪　席增雷　周稳海　乔敏健　王朋岗
顾岩峰　胡耀岭　陈　佳　宋宝琳　王　丽

本书课题组

组　长：乔敏健

副组长：孟　彤　梁丽硕

成　员：马　康　赵　俊　喻莫非　姜　悦
　　　　王晓燕

总序

共同富裕是社会主义的本质要求，是中国式现代化的重要特征，是人民群众的共同期盼。2021年第十次中央财经委员会议提出的"扎实促进共同富裕"对我国新时期经济发展提出了更加明确的要求，不仅要求做大做强经济产值，满足全体人民不断增长的物质生活需求，实现经济高质量发展，更要注重共享发展，以全体人民为中心，保证全体人民共享经济社会发展成果，以实现社会公平。党的二十大报告将"实现全体人民共同富裕"列为中国式现代化的本质要求之一，更加凸显了实现共同富裕的重大意义。新时期的共同富裕强调始终坚持以全体人民为中心，以满足全体人民的美好生活需要为终极目标，既不是同时、同步、同等的绝对富裕，也不是整齐划一的平均主义，而是允许存在合理差距的普遍富裕，是富裕与共同的有机统一。"富裕"反映社会生产力的发展，是社会财富积累的重要体现；"共同"反映社会生产关系，是社会成员对社会财富占有方式的重要体现。共同富裕理论与政策是对共同富裕理论思想、发展进程以及相关实践的高度凝练和总结，是加快实现我国经济高质量发展、促进全体人民共享社会发展成果进而缓解新时期社会主要矛盾的科学参考。

高校科研平台和智库中心，立足理论实践，是服务国家战略和经济社会发展的中坚力量。高校科研平台和智库中心是基础理论研究和应用对策研究的集散地，在共同富裕的推进过程中，将充分发挥"理论指导、决策咨询、实践探索、智力支持"的特色，为服务高质量发展、推进中国式现代化提供强大的智力支撑。作为河北省高等学校人文社会科学重点研究基地，河北大学共同富裕研究中心汇聚了包括管理学、经济学、统计学、社会学、人口学、教育学、法学、医学、体育学、马克思主义理论和国际问题研究等学科的国内百余位专家，主动对接国家发展战略，聚焦共同富裕核心主题，开拓创新，联合攻关，已经产出了一批高质量的学术和智库成果，推动着共同富裕理论研究与实践进展，为政府决策提供了有力支撑。

基于前期的研究基础和研究进展，该中心推出了《共同富裕理论与实践研究》系列丛书。该套丛书以共同富裕为主线，从财政税收、社会保障、分配制度、薪酬福利、区域协调、乡村振兴、数字经济、土地要素、金融、贸易、人口、教育、健康、法治等视角，系统梳理并深入剖析共同富裕的理论与实践发展状况，深刻解读不同领域在科学把握共同富裕理念和推进共同富裕实践中的逻辑机理，对助力实现共同富裕目标具有重要的现实意义。相信该丛书成果的推出不仅将为我国共同富裕理论发展注入新的活力，而且定将在推进共同富裕实践进程中发挥科学的指导作用，促进学科研究与共同富裕融合发展，进一步丰富相关学科的理论拓展和制度创新，产生广泛而深远的社会效应！

希望河北大学共同富裕研究中心能够充分发挥其在学术研究和政策咨询方面的优势，加强跨学科、跨领域的联合攻关，围绕共同富裕的核心议题，形成系统的研究框架和理论体系，进一步开拓创新，不断推出具有前瞻性、创新性和实用性的理论成果与决策咨询报告，提供更加丰富、更加精准、更加有力的智力支持，为中国式现代化发展贡献智慧和力量。

马海涛

2023 年 12 月 26 日

当前，世界经济正经历百年未有之大变局，全球经济形势风起云涌、复杂多变，不确定性风险明显增加。中国经济的发展离不开世界，世界经济的发展也离不开中国。作为经济全球化的践行者和推动者，中国始终以负责任的大国形象和担当精神推动世界经济稳步向前。从加入世界贸易组织（WTO）到推动建立上海合作组织（SCO），从推动金砖国家（BRICS）经贸务实合作到创造性地提出"一带一路"倡议，从启动东盟自由贸易区（CAFTA）建设到区域全面经济伙伴关系协定（RCEP）签署，中国始终以开放的姿态积极参与全球经贸合作，不断为世界经济发展注入新的活力。国家统计局数据显示，2001~2022年20多年间，中国平均GDP增长率高达8.42%，2007年更是达到了14.2%的水平，2017年中国对世界经济增长的贡献率更是超过了30%。①

2020年中国脱贫攻坚战取得全面胜利，7亿多农村贫困人口实现全员脱贫，全体中国人民正式步入实现共同富裕的历史新征程。近年来，中央多次强调要加快形成"以国内大循环为主体、国内国际双循环相互促进的新发展格局"②，并明确表示"实行高水平对外开放""建设更高水平开放型经济新体制"③。共同富裕作为我国脱贫攻坚战取得全面胜利后的接续目

① 不平凡之年书写非凡答卷 ——《2020年国民经济和社会发展统计公报》评读 [EB/OL]. (2021 – 02 – 08) [2024 – 02 – 10]. https://www.stats.gov.cn/sj/sjjd/202302/t20230202_1896455.html.

② 高举中国特色社会主义伟大旗帜 为全面建设社会主义现代化国家而团结奋斗 [EB/OL]. (2022 – 10 – 26) [2024 – 02 – 10]. http://jhsjk.people.cn/article/32551700.

③ 积极参与世界贸易组织改革 提高驾驭高水平对外开放能力 [EB/OL]. (2023 – 09 – 28) [2024 – 02 – 10]. http://jhsjk.people.cn/article/40086945.

标更是需要在高水平对外开放中实现。具体来看，构建双循环新发展格局的关键在于打通要素在国内和国际流动中的堵点，畅通国内国际经济循环体系。显然，在构建新发展格局的过程中，进出口贸易是打通要素流通堵点、畅通国内国际经济循环的重要抓手，更是推动我国建设更高水平开放型经济新体制的关键推手。

在此背景之下，本书以"以开放促改革"作为研究的逻辑起点，从贸易的视角探究共同富裕的理论与实践问题。从共同富裕的本质内涵看，本书认为其是一个相对综合的动态变化的概念，随着中国经济的不断发展和社会的不断进步，共同富裕的内涵范围也会相应扩大。从中国当前经济发展阶段看，共同富裕至少应该包括经济发展、区域协调发展、社会文化发展、社会公共服务质量提升和生态环境改善五个维度。其出发点和落脚点应该是广大的人民群众，其本质在于实现社会和人的全面发展，全面可持续地提高全社会和全体人民的福利水平。基于该内涵，本书根据国际经济理论、经济增长理论、资源配置理论、发展经济学相关理论，系统分析了出口贸易、进口贸易对共同富裕五个维度的影响，在此基础上系统构建了贸易对共同富裕影响的理论分析框架，旨在为促进我国实现共同富裕目标提供理论支持。

行文过程中，本书在系统分析我国对外贸易发展特征事实的基础上，从共同富裕的本质内涵出发，结合我国经济发展特征和各省省情，系统构建了共同富裕水平测度指标体系，对我国各省份、各区域的共同富裕水平进行了测算与评价，为定量分析我国各省份、各区域的共同富裕水平提供了经验参考。与此同时，本书选取了山东省、江苏省、广东省、浙江省四个共同富裕水平较高的省份，从案例分析的视角进一步探讨了出口贸易、进口贸易对共同富裕的影响。在此基础上，本书运用灰色关联分析法，深入分析了出口贸易、进口贸易与共同富裕之间的相关性。研究结果显示，无论是从省级层面看，还是从区域层面看，出口贸易、进口贸易与共同富裕之间均存在较强的相关性。基于该相关关系，本书进一步构建计量经济模型，从整体视角和异质性视角探究了出口贸易、进口贸易对共同富裕的影响效果。最后，本书设计了以出口贸易、进口贸易为抓手，促进我国共同富裕水平提升的路径，旨在为推动我国实现共同富裕目标提供具体可行的思路。

　　在中国式现代化的推进过程中，将共同富裕目标置于高水平对外开放视角下，从进出口贸易的视角深入细致地探讨共同富裕的理论与实践问题，对于提高我国全体人民的福利水平、加快构建国内国际经济循环体系具有重要的理论与现实意义。

目录
CONTENTS

第一章

绪　论

第一节　研究背景及意义

一、研究背景

1921 年中国共产党成立后，便将实现共产主义作为崇高理想，将"为中国人民谋幸福、为中华民族谋复兴"[①] 作为奋斗的根本遵循。在中国共产党的百年奋斗历程中，始终把促进全体人民实现共同富裕作为奋斗的目标。经过百年的不懈奋斗，伟大的中华民族实现了从"站起来、富起来到强起来"的伟大飞跃。1978 年，我国把对外开放战略作为基本国策，开始深入推进我国与世界的交流合作，《中国减贫四十年：驱动力量、借鉴意义和未来政策方向》报告显示（见表 1 – 1），改革开放后我国农村贫困人口从 1978 年的 7.7 亿人降至 2019 年的 600 万人，贫困发生率也由 97.5%降至 0.6%，中国的贫困发生率累计下降了 96.9%，年均下降 2.36 个百分

---

① 中国式现代化是中国共产党领导的社会主义现代化 [J]. 求是，2023 (11).

点。① 世界银行提供的数据资料显示，我国以每天 1.90 美元的标准衡量的
贫困人口比例 1990 年为 72%，2020 年则降至 0.1%，年均下降 2.40%；
同期世界贫困人口平均比例从 1990 年 37.9% 降至 2019 年 9.0%，年均下
降 1.00%；与此同时高收入国家、低收入国家、中低等收入国家、中低收
入国家和中高等收入国家的贫困人口比例在 1990~2020 年期间平均每年分
别下降 0.01%、0.83%、1.06%、1.37% 和 1.57%。② 综合来看，1990~
2020 年中国贫困人口比例下降速度，无论是与世界平均水平对比还是与不
同收入水平的国家对比，均处于较高水平（见表 1-2）。2020 年中国脱贫
攻坚战取得全面胜利，全体中国人民步入小康社会，至此，中国正式步入
实现全体人民共同富裕的历史新征程。其中，党的十九大报告明确指出，
到 2035 年"全体人民共同富裕迈出坚实步伐"，到 21 世纪中叶"全体人
民共同富裕基本实现，我国人民将享有更加幸福安康的生活"。③ 党的二十
大报告表示"中国式现代化的本质要求是：坚持中国共产党领导，坚持中
国特色社会主义，实现高质量发展，发展全过程人民民主，丰富人民精神
世界，实现全体人民共同富裕"。④

表 1-1　　　　　　　　1978~2019 年减贫与经济发展状况

年份	贫困人口（百万人）	贫困发生率（%）
1978	770	97.5
1990	658	73.5
2000	462	49.8
2010	166	17.2
2013	82	8.5
2019	6	0.6

资料来源：财政部、国务院发展研究中心与世界银行联合开展研究的《中国减贫四十年：驱
动力量、借鉴意义和未来政策方向》，2022 年 3 月 31 日。

---

① 财政部，国务院发展研究中心，世界银行．中国减贫四十年：驱动力量、借鉴意义和未
来政策方向 [R]．2022-03-31．
② 世界银行．世界银行 2023 年年度报告 [R]．2023．
③ 中共中央关于党的百年奋斗重大成就和历史经验的决议 [EB/OL]．(2021-11-17)
[2024-02-10]．http：//jhsjk. people. cn/article/32284363．
④ 高举中国特色社会主义伟大旗帜 为全面建设社会主义现代化国家而团结奋斗 [EB/OL]．
(2022-10-26) [2024-02-10]．http：//jhsjk. people. cn/article/32551700．

表 1-2   中国及世界不同收入国家贫困人口比例   单位：%

年份	世界	高收入国家	低收入国家	中低等收入国家	中低收入国家	中高等收入国家	中国
1990	37.9	0.6	—	43.7	47.1	48.4	72.0
1996	31.3	0.8	63.5	38.8	38.4	34.8	48.1
2002	26.9	0.7	59.7	36.4	32.6	25.2	36.5
2005	21.7	0.6	52.3	31.7	26.2	16.6	22.1
2008	18.8	0.5	48.3	27.3	22.7	13.6	18.0
2010	16.3	0.5	46.6	23.6	19.6	10.6	13.9
2011	14.2	0.5	45.6	20.5	17.0	8.3	10.2
2012	13.2	0.5	44.5	19.1	15.8	7.1	8.5
2013	11.7	0.6	43.6	18.3	14.0	3.8	2.9
2014	11.2	0.8	42.8	17.4	13.2	3.2	2.1
2015	10.8	0.8	44.9	16.5	12.8	2.6	1.2
2016	10.5	0.8	44.6	15.9	12.5	2.4	0.8
2017	9.8	0.7	45.3	14.0	11.6	2.3	0.7
2018	9.1	0.6	45.3	12.4	10.8	2.0	0.4
2019	9.0	0.6	—	12.4	10.7	1.8	0.1
2020	—	0.4	—	11.9	6.1	1.2	0.1
年均变化	-1.00	-0.01	-0.83	-1.06	-1.37	-1.57	-2.40

注："—"表示数据资料缺失。

资料来源：世界银行数据库，https：//data. worldbank. org. cn/。

1978 年，我国把实施改革开放作为我国的基本国策，自此我国以更加开放、更加包容的姿态逐步深化与世界的深度交流。1991 年，中国正式加入亚太经合组织（APEC）；2001 年，成功加入世界贸易组织（WTO）、成立上海合作组织（SCO）；2003 年，实施"走出去"战略；2006 年，开始定期进行金砖国家会晤；2010 年，全面启动中国—东盟自由贸易区（CAFTA）建设；2013 年，中国创造性地提出"一带一路"倡议；2020 年以来，中央更是多次强调要加快形成"以国内大循环为主体、国内国际双循环相互促进的新发展格局"；① 2022 年，中国积极推动的区域全面经济

① 中央经济工作会议在北京举行 ［EB/OL］. （2020－12－19）［2024－02－10］. http：//jhsjk. people. cn/article/31971981.

伙伴关系协定（RCEP）得以正式落地生效。在此过程中，中国的进出口贸易额也呈现出迅猛增长的趋势，中经网统计数据资料显示，1978~2022年中国贸易额持续走高（见图1-1），其中，1978年中国进口额和出口额分别为108.93亿美元和97.45亿美元，2022年则增至27095.74亿美元和35605.39亿美元，分别增长了近248倍和364倍。

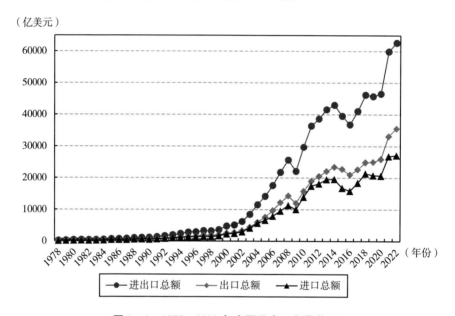

图1-1 1978~2022年中国进出口贸易状况

资料来源：中经网统计数据库。

2020年，我国脱贫攻坚战取得全面胜利，由此也标志着我国开始正式踏上促进全体人民实现共同富裕的历史新征程，实现共同富裕开始成为我国脱贫攻坚战取得全面胜利后的接续目标。同年，党的十九届五中全会便明确表示"实行高水平对外开放""建设更高水平开放型经济新体制"。① 毫无疑问，促进全体人民实现共同富裕一定是在更高水平的对外开放中实现。到底何为共同富裕？共同富裕的标准是什么？我国不同省份、不同区域之间的共同富裕水平差距如何？在更高水平开放型经济新体制的建设过程中，促进国际贸易合作对促进共同富裕目标实现是否存在显著影响？若

---

① 中共十九届五中全会在京举行［EB/OL］.（2020-10-30）［2024-02-10］. http：//jhsjk. people. cn/article/31911721.

存在影响，其影响机制是什么？在新发展格局的构建过程中，明晰上述问题对于我国实现共同富裕目标，推进中国式现代化进程具有重要的理论与现实意义。基于此，本书把实现全体人民共同富裕置于更高水平对外开放的研究视角下，将贸易作为促进我国实现更高水平对外开放的抓手，系统研究新发展格局下，我国进出口贸易与共同富裕之间的逻辑关系及作用机制。

二、研究意义

（一）理论意义

1. 为我国实现共同富裕目标提供理论支撑

中国共产党自成立以来就将促进全体人民实现共同富裕作为奋斗的出发点和落脚点，从中国经济发展的历史进程看，共同富裕发轫于中国的具体国情之中，具有明显的中国特色。本书将研究锁定为贸易与共同富裕的关系，将促进共同富裕目标实现置于更高水平对外开放的视角下，结合国际经济学理论、发展经济学理论，系统构建贸易对共同富裕影响的理论框架，并结合中国的经济发展特征和各省份的省情，设计出以贸易为抓手促进共同富裕目标实现的路径，为我国实现共同富裕目标提供理论支持。

2. 丰富我国特色国际贸易理论

从国际贸易理论的发展脉络看，国际贸易理论起源于对西方国家特定经济活动的分析，而中国的国际贸易行为则起源于中国具体的国情之中，具有显著的中国特色。随着中国国际贸易占世界贸易比重的逐步上升，中国需要配套的国际贸易理论指导国际贸易实践。在新发展格局下，国际贸易是我国畅通国内国际经济循环体系的关键抓手，是构建新发展格局的重要着力点。在中国式现代化的建设过程中，实现共同富裕是其本质要求，本书认为促进共同富裕目标实现需要在更高水平的对外开放中实现，这一过程需要配套的国际贸易理论支撑。基于此，本书从国际贸易的视角，具体分析贸易对共同富裕的影响，致力于丰富中国特色国际贸易理论。

（二）应用价值

1. 为持续推进我国高水平对外开放，促进共同富裕目标实现提供动力

在新发展格局的构建过程中，进一步实现高水平对外开放有助于实现资源在更大空间范围内的优化配置。在推进高水平对外开放的进程中，国际贸易是畅通国内国际经济循环的重要抓手，更是促进共同富裕目标实现的重要途径。在高水平对外开放的视角下，系统分析贸易与共同富裕之间的逻辑关系，为实现国际贸易与共同富裕的良性互动提供经验支持，为促进我国共同富裕目标实现提供动力。

2. 为我国制定国际贸易政策提供重要的决策依据

贸易合作承载着建设更高水平开放型经济新体制的重要使命，本书在测算分析我国不同省份、不同区域共同富裕水平的基础上，通过构建计量经济模型实证检验进口贸易和出口贸易对共同富裕的影响效果及作用机制，并结合我国国情和各省份的经济发展特征设计出以贸易为抓手，促进共同富裕目标实现的路径，本书将为优化我国国际贸易布局、制定国际贸易政策提供重要的决策依据。

第二节 国内研究现状

共同富裕是社会主义的本质要求，是中国式现代化的重要特征，带领全国各族人民走向共同富裕是中国共产党践行初心和使命的重要体现。党的十八大以来，学术界对共同富裕的认识达到了新的高度。本书重点研究贸易与共同富裕的关系，根据研究内容，本书从如下几个方面对相关文献进行梳理。

一、关于共同富裕内涵的相关研究

共同富裕，是社会主义的本质要求，是中国共产党人始终如一的根本价值取向。中国共产党关于"共同富裕"最早的表述可追溯至 1953 年中国共产党中央委员会审议通过的《中共中央关于发展农业生产合作社的决议》，随后毛泽东同志进一步明确"而这个富，是共同的富，这个强，是共同的强，大家都有份"①。以邓小平同志为核心的党的第二代领导集体，基于对社会主义进程的反思，进一步升华了共同富裕的理论内涵，指出"贫穷不是社会主义，社会主义要消灭贫穷"②，"一部分地区发展快一点，带动大部分地区，这是加速发展、达到共同富裕的捷径"③，"社会主义最大的优越性就是共同富裕，这是体现社会主义本质的一个东西"④。以江泽民同志为代表的党的第三代领导集体，将公平与效率的理念融入共同富裕的理论内涵中，提出"在分配制度上，以按劳分配为主体，其他分配方式为补充，兼顾效率与公平。运用包括市场在内的各种调节手段，既鼓励先进，促进效率，合理拉开收入差距，又防止两极分化，逐步实现共同富裕"⑤。在"兼顾效率与公平"理念的基础上，胡锦涛同志在处理公平与效率问题上有了新的思路，提出要"妥善处理效率和公平的关系，更加注重社会公平"⑥，把维护社会公平实现共同富裕放到了更加突出的位置。党的十七大报告也指出，必须在经济发展的基础上，更加注重社会建设，着力保障和改善民生，推进社会体制改革，扩大公共服务，完善社会管理，促进社会公平正义，努力使全体人民学有所教、劳有所得、病有所医、老有所养、住有所居，推动建设和谐社会。以习近平同志为核心的党的新一代领导集体，对"共同富裕"的认识达到新的高度。习近平同志强调，"消除贫困、改善民生、实现共同富裕是社会主义的本质要求，是我们党坚持全心全意为人民服务根本宗旨的重要体现，是党和政府的重大责任"⑦。"共同富裕是社会主义的本质要求，是中国式现代化的重要特征。我们说的共同富裕是全体人民共同富裕，是人民群众物质生活和精神生活都富

---

① 毛泽东文集（第6卷）[M]. 北京：人民出版社，1999：495.

② 邓小平文选（第3卷）[M]. 北京：人民出版社，1993：116.

③ 邓小平文选（第3卷）[M]. 北京：人民出版社，1993：166.

④ 邓小平文选（第3卷）[M]. 北京：人民出版社，1993：364.

⑤ 江泽民文选（第1卷）[M]. 北京：人民出版社，2006：227.

⑥ 中共中央文献研究室. 十六大以来重要文献选编（中）[M]. 北京：中央文献出版社，2006：604.

⑦ 在全国脱贫攻坚总结表彰大会上的讲话 [N]. 人民日报，2021-02-26.

裕，不是少数人的富裕，也不是整齐划一的平均主义"[1]。

从学术研究的视角看，学术界对共同富裕的认识包括两个阶段：第一个阶段为改革开放前，学者们普遍认为共同富裕即为同步富裕、平均富裕；第二个阶段为改革开放以后，学者们对共同富裕的认识呈不断深化的状态。最初，学者们认为，共同富裕的实现是一个动态的过程（李学习，1992），允许一部分人、一部分地区先富起来是社会主义的客观规律，由先富带后富，最终实现共同富裕（邓虎林，1992；李子奈，1992）。随着生产力不断发展，共同富裕的内涵也随时代的发展被不断赋予新的内涵，学者们普遍认识到共同富裕不是同时、同步、同等富裕，而是在普遍富裕基础上的差别富裕；共同富裕不单是物质上的富裕，而是物质生活和精神生活的全面富裕；共同富裕也不是社会主义社会发展终极目标的固定模式，而是一个动态的、从贫穷到富裕再到高层次富裕的过程富裕（李娟，2007；贺守海，2007）。随着时代的发展，共同富裕的内涵也在不断向科学化的方向发展。与此同时，部分学者从理论视角对共同富裕的本质内涵进行了界定，指出共同富裕是历史发展的科学规律，是社会主义实践的具体道路，共同富裕对于巩固社会主义制度发挥着重要作用（程恩富和刘伟，2012；甘立勇和王永康，2012）。当前，学者们对共同富裕的研究主要从"富裕"和"共享"两个视角出发，认为富裕包含物质富裕和精神富裕，共享是一种存在合理差别的分享，在富裕基础上实现共享，也就意味着社会成员共享收入、财产和平等地获得公共服务（李实，2021）。此外，也有部分学者多层面界定共同富裕的内涵（刘培林等，2021）：从政治层面上讲，认为共同富裕是国强民共富的社会主义社会契约；从经济层面看，认为共同富裕是人民共创共享日益丰富的物质财富和精神成果；从社会层面，认为共同富裕是中等收入阶层在数量上占主体的和谐而稳定的社会结构。

二、关于共同富裕度量与测算的相关研究

目前，对共同富裕的度量学术界尚未形成统一的标准，从既有的研究

---

① 扎实推动共同富裕 [J]. 求是，2021 (20).

成果看，学者们对共同富裕的度量与测算主要包括单一指标和综合指标体系两个维度（杜宏巍，2023）。

从单一指标看，学者们主要从缩小城乡差距、缩小收入差距、缩小地区差距三个维度对共同富裕水平进行度量，代表性的研究成果如：林万龙和陈蔡春子（2021）以人类发展指数（HDI）作为共同富裕水平的度量指标，来衡量中国农村改革40年来城乡差距的动态变化；龚六堂（2022）指出持续优化居民收入分配是解决发展不平衡、不充分的重要抓手，是实现共同富裕的重要路径和措施；曹晓婕和闵维方（2023）用基尼系数作为共同富裕水平的代理变量，分析了教育水平对共同富裕的影响。

从综合指标体系的视角，学者们普遍认为共同富裕是一个相对综合的概念，基于此考量，通过构建测度指标体系对共同富裕水平进行测算分析。代表性的研究成果如：刘培林等（2021）从总体富裕程度和发展成果共享程度两个维度出发，构建了共同富裕测度指标体系；陈正伟和张南林（2013）从统计研究视角出发，将共同富裕分解为富裕度和共同度两个维度，构建共同富裕度测算模型，对共同富裕水平进行分析；宋雅兵和朱进东（2023）从"物质富裕"和"精神富裕"两个维度出发，运用熵权法对共同富裕水平进行了测算；钞小静和任保平（2022）从收入与财产、发展能力和民生福祉三个维度来构建评价指标体系，采用"横纵向拉开档次法—BP神经网络分析法"的复合方法对共同富裕指数进行合成；田雅娟和甄力（2020）从中等收入群体的人口比重、收入富裕程度及居民收入差别三个维度，对共同富裕推进成效进行了量化测度；蒋永穆和豆小磊（2022）构建了人民性、共享性、发展性、安全性四维指标体系；吕光明和陈欣悦（2022）借鉴联合国开发计划署（UNDP）的经不平等调整的人类发展指数（IHDI）做法，进行相关的收入富裕水平实现指数、其他富裕水平匹配指数、收入共享程度指数和公共服务共享程度指数设计，测算分析了与2035年目标的差距；陈宗胜和杨希雷（2023）构建了一个可行的共同富裕评价指标体系，并以联合国等权威机构公布的经济发达程度指数为参照，测算了中国2000～2019年的共同富裕综合评价指数。

三、关于共同富裕实现路径的相关研究

促进共同富裕目标实现，是推进中国式现代化进程的重要环节。关于共同富裕的实现路径，学术界也形成了一系列研究成果。综合来看，学者们的研究可以归结为如下几个方面：（1）制度设计层面。该类研究成果聚焦于如何解决发展的不平衡不充分问题。以让全体人民公平获得积累人力资本和参与共创共建的机会、公平地共享发展成果为主要思路，通过完善制度设计达到壮大中等收入群体、提高中等收入群体富裕程度的效果（杨穗和赵小漫，2022；刘培林等，2021）。（2）收入分配层面。该类研究从初次分配、再分配和三次分配等收入分配视角出发，重点探讨如何通过提高居民的收入水平来进一步缩小城乡发展差距、地区差距和收入差距（柏旭，2023；李实，2021），在此基础上，进一步引申为如何从战略和全局高度统揽新发展阶段实现共同富裕过程中面临的发展、分配和供给等方面的实践难题，谋求在高质量发展中实现共同富裕。（3）具体实践抓手。该类研究主要从既有的理论出发，结合共同富裕的本质内涵，探究如何以某一具体工具为抓手，促进共同富裕目标实现。代表性的研究成果如：杨立雄和魏珍（2022）指出发挥税收杠杆作用，调控行业和群体过高收入，填补社会支出赤字，促进公共服务均等化，促进共同富裕目标实现；夏杰长和刘诚（2021）指出数字经济具有"做大蛋糕"和"分好蛋糕"的作用，既能促进宏观经济增长，又可以促进区域产业分散化、城乡协调以及建设全国统一大市场，促进经济实现均衡性增长，还可以弥补公共服务短板、加快实现基本公共服务均等化。在具体实践过程中，可以通过发展数字经济，推动共同富裕目标稳定向前。

四、关于贸易与共同富裕关系的相关研究

对外开放是中国的基本国策，也是国家繁荣富强的必由之路。构建高水平、深层次、宽领域的全面开放新格局，充分赋予国内民众市场自由选择权，发展高层次开放型经济，才能拓宽共同富裕的实现路径（孙景宇，

2023；黄金辉和郑雯霜，2022；张二震等，2022）。关于贸易与共同富裕之间关系的相关研究成果，学者们多从出口和进口对城乡收入差距的影响展开分析，研究结论主要归结为如下两类。

第一类研究认为：出口贸易和进口贸易均有助于缩小城乡收入差距。从资源配置的视角看，国际贸易能够实现商品在更大空间范围的流动，其中进口贸易能够对国内市场起消费示范作用，促使国内相应产业的产生和发展，促进国内市场就业，提高居民的收入水平（王跃生和吴国锋，2019；魏浩，2011）；与此同时，一国增加先进设备和资本品进口，能够衍生出对技能和高教育水平劳动力的需求，从而提高中等收入群体收入水平，缩小收入差距（王立勇和胡睿，2020；孙华臣和焦勇，2017）。陈旭等（2016）运用动态面板模型从专业化和多样化视角考察中国出口贸易对城乡收入差距之间的影响，研究发现中国城乡收入差距与出口专业化水平存在显著正相关关系，且出口多样化能有效缩小城乡收入差距。

第二类研究认为：出口贸易和进口贸易会拉大城乡收入差距。该类研究学者们多从进出口贸易对我国不同地区城乡收入差距的影响展开，研究结论普遍支持进出口贸易能够拉大我国东部地区城乡收入差距（张志娟，2022；张小溪和刘同山，2020）；从贸易品的要素密集度情况看，学者们认为技术密集型产品贸易会扩大我国西部地区的城乡收入差距（魏浩和耿园，2015）。与此同时，张曙霄等（2009）运用省级层面的数据分析了进出口贸易对地区收入差距的影响，研究结果显示进出口贸易扩大了各地区间的收入差距；魏浩和赵春明（2012）的研究表明我国进口结构优化会促进城市熟练劳动力的就业，相对减少农村非熟练劳动力就业，从而导致城乡收入差距扩大。

五、文献述评

结合研究内容，本书从共同富裕的内涵、共同富裕的度量与测算、共同富裕的实现路径、贸易与共同富裕的关系四个方面对相关文献进行了梳理，研究发现：（1）促进全体人民实现共同富裕是中国共产党一代代领导人都为之奋斗的目标，但是共同富裕是一个相对综合的、动态变化的概念，共同富裕也需要因中国社会的变迁和时代的发展不断被赋予新的内涵；（2）共同富裕内涵动态变化特征，也直接导致学术界对共同富裕水平的度量与测算未形成统一的标准；（3）关于共同富裕的实现路径，目前学术界已形成诸多结论，但是鲜有学者从贸易视角出发，探讨如何发挥贸易的作用，推进共同富裕目标实现；（4）关于贸易与共同富裕的关系，学术界尚未得出统一的结论，且鲜有选择基于共同富裕的整体视角，系统研究贸易与共同富裕的关系。本书将从如下几方面丰富相关研究。

第一，截至目前，学术界已有大量关于共同富裕、对外贸易相关的文献资料，但是鲜有学者将贸易与共同富裕纳入统一的分析框架。本书在系统梳理相关文献资料的基础上，结合经济增长理论、资源配置理论、发展经济学理论系统构建出口贸易和进口贸易对共同富裕影响的理论框架，为新发展格局下以贸易为抓手促进共同富裕目标实现提供理论支持。

第二，结合我国经济发展的时代特征，界定共同富裕的本质内涵，在此基础上筛选指标，系统构建共同富裕水平测度指标体系，对我国各省份、各区域的共同富裕水平进行测度与评价，在具体分析过程中从横向与纵向两个维度对比分析各省份、各区域共同富裕水平的动态演进过程，明晰我国区域之间共同富裕水平之间的差距，为促进我国共同富裕目标实现提供决策依据。

第三，本书基于共同富裕的整体研究视角，在测算共同富裕水平的基础上，通过构建计量经济模型实证检验出口贸易、进口贸易对共同富裕水平的影响效果，识别其存在的逻辑关系，为我国在贸易强国建设中实现共同富裕提供重要的经验支持。

第四，本书结合理论分析与实证分析结论，设计出以贸易为抓手促进共同富裕目标实现的路径，为我国共同富裕目标实现提供切实可行的思路。

第三节 研究内容、方法及创新

一、研究内容

本书以中国各省份为研究对象，基于贸易的视角探究共同富裕的理论与实践问题，旨在构建贸易与共同富裕关系的理论框架，明晰出口贸易、进口贸易与共同富裕间的逻辑关系，设计出以贸易为抓手促进共同富裕目标实现的路径。本书共包括八部分主要内容，具体情况如下。

第一章为绪论。重点对本书的研究背景、研究意义、国内外研究现状、研究的主要内容和创新点进行系统介绍。

第二章为贸易对共同富裕影响的理论基础。从中国共产党的实践经验入手，结合学术界的相关研究和中国经济社会发展的时代特征，对共同富裕的本质内涵进行界定。在此基础上，运用经济增长理论、产业结构升级理论、供给需求理论、资源配置理论等西方经济学理论和国际经济学理论，依次分析了贸易对共同富裕所涉及的各个维度（经济发展、区域协调、社会文化发展、社会公共服务和生态环境）的影响，构建了贸易对共同富裕影响的理论框架。

第三章为我国对外贸易发展的特征事实。根据世界银行、国家统计局提供的我国对外贸易的数据资料，在系统梳理我国对外贸易发展历程的基础上，从出口贸易和进口贸易两个维度出发，系统分析了我国各省份、各区域的出口贸易规模、进口贸易规模、出口贸易依存度、进口贸易依存度的发展特征。

第四章为我国共同富裕水平的测算分析。本章从共同富裕的本质内涵出发，选取了经济发展、区域协调、社会文化发展、社会公共服务和生态环境 5 个一级指标和 25 个二级指标，通过因子分析法系统构建了共同富裕水平测度评价模型，对我国各省份的共同富裕水平进行了测算与评价。在具体分析过程中，本章进一步从区域视角出发，对我国各区域的共同富裕水平进行了系统分析。

第五章为贸易对我国共同富裕影响的案例分析。本章从案例分析的视角出发，选取了山东省、江苏省、广东省和浙江省四个代表性省份，分别从出口贸易和进口贸易的视角分析了贸易对我国共同富裕的影响。

第六章为贸易对我国共同富裕水平影响的计量分析。本章从实证研究视角出发，通过灰色理论构建出口贸易、进口贸易与共同富裕水平的灰色关联分析模型，从省域和区域维度分析贸易与共同富裕水平的相关性；并通过构建出口贸易、进口贸易对共同富裕水平影响的计量经济模型，分别从整体视角和异质性视角分析贸易对我国共同富裕水平的影响效果。

第七章为贸易促进我国共同富裕水平提升的路径分析。本章结合理论分析和实证分析，分别从出口贸易和进口贸易视角设计了贸易促进我国共同富裕水平提升的路径。

第八章为结论与展望。本章重点对全书的研究结论进行了归纳总结，并结合本书的研究内容明确了下一步的研究方向。

二、研究方法

（1）文献研究法：通过系统梳理文献资料，结合我国经济发展特征，界定共同富裕的本质内涵。通过系统搜集整理贸易与共同富裕关系的文献资料，研判出口贸易和进口贸易对共同富裕的影响，构建出口贸易、进口贸易对共同富裕影响的理论框架。

（2）定量分析法：通过出口贸易规模、进口贸易规模、出口贸易依存度、进口贸易依存度等指标，定量分析我国各省份、各区域的贸易特征；定量分析我国各省份、各区域共同富裕水平状况。

（3）因子分析法：根据我国发展的时代背景和我国各省份的经济发展特征，结合共同富裕的本质内涵，选取相应的一级指标和二级指标通过因子分析法系统构建共同富裕水平测度指标体系，对我国各省份、各区域的共同富裕水平进行测算分析。

（4）案例分析法：依据我国各省份共同富裕水平的测算结果，以山东省、江苏省、广东省和浙江省四个代表性省份为案例，通过案例分析研判出口贸易、进口贸易对我国共同富裕水平的影响。

（5）灰色关联分析法：结合灰色理论分别构建出口贸易、进口贸易与共同富裕水平的灰色关联分析模型，通过灰色关联分析法判别出口贸易、进口贸易与共同富裕之间的相关关系。

（6）计量分析法：根据研究内容，分别构建出口贸易、进口贸易对共同富裕水平影响的计量经济模型，通过固定效应模型从整体和异质性视角分析贸易对共同富裕的影响效果，识别出口贸易、进口贸易与共同富裕之间的因果关系。

（7）比较分析法：对比分析我国各省份、各区域进出口贸易、共同富裕水平的差异，对比分析出口贸易和进口贸易对共同富裕影响的差异。

（8）规范分析法：基于贸易对共同富裕影响的理论与实证研究结论，通过规范分析法设计出出口贸易、进口贸易促进我国共同富裕水平提升的可行路径。

三、创新点

（一）理论创新

1. 构建贸易对共同富裕影响的理论框架

本书认为共同富裕是一个相对综合的动态变化的概念，从目前学术界既有的研究成果看，鲜有学者将出口贸易、进口贸易与共同富裕纳入统一的分析框架。本研究结合共同富裕的本质内涵和国际经济学相关理论，分析贸易对共同富裕所涉及的各个维度（经济发展、区域协调、社会文化发展、社会公共服务和生态环境）的影响，在此基础上构建贸易对共同富裕影响的理论框架，通过案例分析法和计量经济分析判别出口贸易、进口贸易对共同富裕的影响效果。从理论分析和实证分析的视角研判贸易对共同富裕的影响，构建了贸易对共同富裕影响的理论框架。

2. 进一步丰富我国国际贸易理论

从国际贸易理论的视角看，现有的国际贸易理论多源于发达国家或部分发展中国家，其理论体系均产生于特定的国情之中。尽管这些理论对解释我国进出口贸易行为具有一定的适用性，但是我国进出口贸易行为发轫于我国具体的国情中，需要进一步丰富。本书从我国省级层面出发，结合我国具体国情和各省份的经济发展特征，从省域和区域的视角分别分析出口贸易、进口贸易对共同富裕水平的影响，将有助于进一步完善我国国际贸易理论。

3. 为构建新发展格局提供理论支持

在构建国内国际双循环新发展格局的过程中，其关键着力点在于打通要素流动的堵点。在新发展格局下，出口贸易和进口贸易是我国畅通国内和国际经济循环的重要抓手，本书遵循"以高水平对外开放促进改革"的

研究思路，把实现共同富裕目标置于高水平对外开放的视角下，以高水平对外开放促进共同富裕水平提升作为本研究的逻辑起点，旨在为促进我国共同富裕目标实现提供经验支撑，为构建新发展格局提供理论遵循。

（二）实践创新

1. 测算并评价我国各省份的共同富裕水平

本书结合共同富裕的本质内涵，根据我国各省份的经济发展特征，从经济发展、区域协调、社会文化发展、社会公共服务和生态环境五个维度选取对应指标，系统构建共同富裕水平测度指标体系，对我国各省份、各区域的共同富裕水平进行测算分析。本研究将为各省份动态分析本省共同富裕水平变动情况提供经验支持，便于我国各个省份通过对标找差，补齐发展中的短板。

2. 为促进共同富裕目标实现提供具体可行思路

在中国式现代化建设进程中，促进全体人民实现共同富裕是重中之重。共同富裕作为我国脱贫攻坚战取得全面胜利后的接续目标，需要在高水平对外开放中实现。本书通过理论分析与实证分析相结合的分析范式，在阐述出口贸易、进口贸易对共同富裕影响的基础上，分别设计了出口贸易、进口贸易促进我国共同富裕水平提升的路径。本书将为促进我国共同富裕水平提升提供切实可行的思路。

3. 为解决当前我国社会的主要矛盾提供参考

时下，我国社会的主要矛盾已经由人民日益增长的物质文化需要同落后的社会生产之间的矛盾转变为人民日益增长的美好生活需要和不平衡不充分的发展之间的矛盾。而促进共同富裕目标实现是解决当前我国社会主要矛盾的关键，本书将研究视角置于贸易视角下，以出口贸易和进口贸易为抓手，促进我国实现更高水平的对外开放。在高水平对外开放中促进共同富裕目标实现，为解决当前我国社会主要矛盾提供有益参考。

第二章

贸易对共同富裕影响的理论基础

第一节 共同富裕的内涵界定

共同富裕并不是一个新概念，在不同的历史时期，共同富裕的内涵也因社会经济的发展而具有较为明显的时代特征。中国共产党自1921年成立以来，便将实现共产主义作为奋斗的目标，一代代中国共产党人捧土培根、筚路蓝缕，带领中国人民站起来、富起来，纵观中国共产党的百年奋斗史，其始终致力于促进全体人民实现共同富裕。

新中国成立后，毛泽东同志指出："现在我们实行这么一种制度，这么一种计划，是可以一年一年走向更富更强的，一年一年可以看到更富更强些。而这个富，是共同的富，这个强，是共同的强，大家都有份。"① 邓小平同志认为社会主义的本质是"解放生产力，发展生产力，消灭剥削，消除两极分化，最终达到共同富裕"。② 党的十八大以来，中国共产党对共同富裕的认识达到新的高度，习近平同志指出："共同富裕，是马克思主义的一个基本目标，也是自古以来我国人民的一个基本理想……按照马克思、

---

① 中共中央文献研究室编. 毛泽东文集（第6卷）[M]. 北京：人民出版社，2004.
② 中央文献编辑委员会. 邓小平文选（第3卷）[M]. 北京：人民出版社，2009.

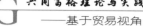
恩格斯的构想，共产主义社会将彻底消除阶级之间、城乡之间、脑力劳动和体力劳动之间的对立和差别，实行各尽所能、按需分配，真正实现社会共享、实现每个人自由而全面的发展。"① "共同富裕是社会主义的本质要求，是中国式现代化的重要特征。我们说的共同富裕是全体人民的共同富裕，是人民群众物质生活和精神生活都富裕，不是少数人的富裕，也不是整齐划一的平均主义。"② 党的十九届五中全会对于共同富裕提出了更为具体的目标，指出到 2035 年 "人均国内生产总值达到中等发达国家水平，中等收入群体显著扩大，基本公共服务实现均等化，城乡发展差距和居民生活水平差距显著缩小"，"人的全面发展、全体人民共同富裕取得更为明显的实质性进展"。③ 2022 年 10 月，党的二十大报告再次明确："中国式现代化是全体人民共同富裕的现代化。共同富裕是中国特色社会主义的本质要求，也是一个长期的历史过程。我们坚持把实现人民对美好生活的向往作为现代化建设的出发点和落脚点，着力维护和促进社会公平正义，着力促进全体人民共同富裕，坚决防止两极分化。"④

从学术研究的视角看，关于共同富裕内涵的代表性学术观点包括：郁建兴和任杰（2021）指出共同富裕的核心要素是发展性、共享性、可持续性；刘培林等（2021）认为共同富裕存在着政治、经济、社会方面内涵，同时也寄托着人民对于美好生活的愿景；李实（2021）认为共同富裕的内涵应当从 "富裕" 和 "共享" 两个维度解构，"富裕" 又包括物质富裕和精神富裕，要以物质富裕推动精神富裕的实现，在 "富裕" 的基础上实现发展成果 "共享"。从共同富裕所涉及的具体研究内容看，学者们对共同富裕内涵的界定涉及经济、社会、文化等多个方面，具体来看主要包括：经济发展（逄锦聚，2021；范从来等，2021）、区域协调（范从来等，2021；陈宗胜，2020；覃成林和杨霞，2017）、社会文化发展（胡宇萱和

① 习近平谈共同富裕 ［EB/OL］.（2021－03－18）［2024－02－10］. https：//www. chinanews. com/gn/2021/03－18/9435019. shtml.

② 扎实推动共同富裕 ［J］. 求是，2021（16）.

③ 中共中央关于制定国民经济和社会发展第十四个五年规划和二〇三五年远景目标的建议 ［N］. 人民日报，2020－11－04.

④ 高举中国特色社会主义伟大旗帜 为全面建设社会主义现代化国家而团结奋斗 ［EB/OL］.（2022－10－26）［2024－02－10］. http：//jhsjk. people. cn/article/32551700.

龙方成，2019；蒋锐，2019）、社会公共服务（赵玲，2019；解建立，2009）、生态环境（陈晓燕和董江爱，2014；毛小扬，2013）等多个方面。

本书认为，共同富裕是一个相对综合的动态变化的概念，随着时代发展会有越来越多的内容被纳入共同富裕的内涵框架。时下，共同富裕是一个至少应该包括经济发展、区域协调发展、社会文化发展、社会公共服务质量提升和生态环境改善五个维度在内的一个相对综合的概念。共同富裕的出发点和落脚点应该是广大的人民群众，共同富裕的本质在于实现社会和人的全面发展，全面可持续地提高全社会和全体人民的福利水平。

第二节　贸易对共同富裕影响的理论分析

本节从共同富裕的本质内涵出发，分析贸易对共同富裕所涉及的各个维度（经济发展、区域协调、社会文化发展、社会公共服务和生态环境）的影响，构建贸易对共同富裕影响的理论框架。

一、贸易对经济发展影响的理论分析

（一）贸易对经济增长的影响

关于贸易与经济增长的关系，学术界已基本达成共识，贸易被称为拉动经济增长的"三驾马车"之一。国内外大量的理论和实证研究也均支持"贸易是经济增长的发动机"这一基本命题（庄嘉霖等，2023；杨海生等，2005）。

首先，从出口贸易的视角看，学者们认为在开放经济条件下，可以将出口（X）这一变量纳入生产函数中（Feder，1982），形成开放条件下的生产函数表达式：

$$Y = F(L, K, X) \tag{2-1}$$

式（2-1）中，Y 表示产出水平，L 和 K 分别表示劳动和资本投入，X 为出口；将等式两边对时间 t 求导，可得：

$$\frac{dY}{dt} = F_L \frac{dL}{dt} + F_K \frac{dK}{dt} + F_X \frac{dX}{dt} \qquad (2-2)$$

式（2-2）中，F_L、F_K 和 F_X 分别表示 Y 对 L、K 和 X 的偏导数，对式（2-2）两边同时除以 Y，整理得：

$$GY = e_L GL + e_K GK + e_X GX \qquad (2-3)$$

式（2-3）中，GY、GL、GK 和 GX 分别表示产出、劳动、资本和出口的增长率，e_L、e_K 和 e_X 分别表示劳动、资本和出口的产出弹性。

1982 年，费德（Feder）把一国的经济进一步分为出口部门和非出口部门，基于此对上述模型做了进一步修正。其中非出口部门和出口部门的表达式分别如式（2-4）和式（2-5）所示。

$$N = F(K_n, L_n, X) \qquad (2-4)$$

$$X = G(K_X, L_X) \qquad (2-5)$$

式（2-4）和式（2-5）中，N 和 X 分别表示非出口和出口部门产出，K_n、K_X、L_n 和 L_X 分别表示非出口部门和出口部门的资本与劳动投入。费德认为，出口部门会受到激烈的国际市场竞争刺激，从而倒逼其引入更多的新技术、先进设备和高素质劳动，由此使得出口部门会比非出口部门的效率更高。与此同时，出口部门的高效率生产要素又会对非出口部门起到推动作用，产生外部经济效应，这一效应即为出口部门对非出口部门的影响，即出口 X 是影响 N 的要素。

假设出口部门要素边际产出率要比非出口部门高出 δ，则有：

$$G_K / F_K = G_L / F_L = 1 + \delta \qquad (2-6)$$

根据定义可知，国内总产出 $Y = N + X$，则有：

$$dY = dN + dX = F_K dK_n + F_L dL_n + F_X dX + (1+\delta) F_K dK_X + (1+\delta) F_L dL_X \qquad (2-7)$$

根据定义可知，总投资 $I = I_n + I_X = dK_n + dK_X$，总劳动力增量 $dL = dL_n + dL_X$，将上式整理可得：

$$dY = F_K I + F_L dL + \left(\frac{\delta}{1+\delta} + F_X \right) dX \qquad (2-8)$$

将式（2-8）两边同时除以 Y，可得：

$$\frac{dY}{Y} = \frac{F_K I}{Y} + \frac{F_L dL}{Y} + \frac{\left(\frac{\delta}{1+\delta} + F_X \right) dX}{Y} \qquad (2-9)$$

在式（2-9）中，令 $C_1 = F_K$，$C_2 = (F_L L)/Y$，$C_3 = \dfrac{\delta}{1+\delta} + F_X$，可得：

$$GY = C_1\left(\frac{I}{Y}\right) + C_2 GL + C_3 GX\left(\frac{X}{Y}\right) \qquad (2-10)$$

式（2-10）即可说明出口贸易有助于促进经济增长。

从进口贸易的视角看，关于进口贸易与经济增长的关系学术界一直存在争论。一部分学者从国民核算等式出发，认为进口贸易是国民经济增长的"漏出项"，即认为进口贸易是一国经济增长的减项（Thomas Mun，1664）；另一部分学者则认为，无论是进口贸易还是出口贸易均有利于一国经济增长，如果离开进口贸易，则出口贸易也就失去了意义（裴长洪，2013）。与此同时，世界银行的测算数据则明确显示，进口贸易为经济增长提供的动力呈逐步增强的趋势[①]。自 2012 年以来，中国颁布了一系列关于积极主动扩大进口的指导意见。2018 年，习近平主席在首届中国国际进口博览会开幕式上指出"中国主动扩大进口，不是权宜之计，而是面向世界、面向未来、促进共同发展的长远考量"[②]。2018 年 7 月，商务部等部门在《关于扩大进口促进对外贸易平衡发展的意见》中指出，中国应在稳定出口的同时进一步扩大进口，推动经济高质量发展。

关于进口贸易对经济增长的积极影响可以从如下理论模型得到解释（Herzer & Nowak-Lehnmann，2006；魏浩和张文倩，2020）。假设一个经济体有 N 个部门，其中有进口部门 S 个，且每个部门仅由一个代表性的企业 f 构成（$f \in [1, N]$），假设生产函数规模报酬不变。根据新古典生产函数，可得企业在 t 时期的产出函数为：

$$Y_{ft} = F_{ft}(K_{ft}, L_{ft}, A_t) \qquad (2-11)$$

式（2-11）中，Y_{ft} 表示产出，K_{ft} 和 L_{ft} 分别为资本和劳动投入，A_t 为公共知识资本的综合指数，表示公共资本对生产带来的外部收益。

---

① 世界银行数据测算显示：20 世纪 60 年代，全球进口依存度（进口/GDP）平均值仅为 12.44%，70 年代为 16.23%，而 80 年代已上升为 19.22%，90 年代为 20.72%，当前全球进口已超过全球 GDP 的 1/4，2008 年更高达 30.14% 的历史峰值，这充分表明世界范围内，进口贸易为经济增长提供了越来越充足的动力基础。

② 习近平出席首届中国国际进口博览会开幕式并发表主旨演讲［EB/OL］.（2018-11-05）［2024-02-10］. https：//www.gov.cn/xinwen/2018-11/05/content_5337594.htm.

为进一步明确进口贸易对经济增长的影响，现假定仅在进口部门发生知识资本积累，与此同时每个进口部门都会创造同样的知识资本积累 A_e。则在经济体中总的知识资本存量可以表示为 $A_t = S_t A_{et}$。由于 A_{et} 为不可观测的常数，则经济体系中知识资本存量可以表示为进口部门数量的函数：

$$A_t = G(S)_t \tag{2-12}$$

从知识资本的积累情况看，其与进口规模与进口结构直接相关。譬如，高技术商品进口带来的技术溢出效应高于低技术商品，更可能加速知识资本积累。因此，经济体中知识资本的存量可以进一步表示为如下形式：

$$A_t = G(S_t, IM_t) \tag{2-13}$$

其中，S_t 为 t 时期进口部门总数，IM_t 代表进口结构，说明进口规模和进口结构通过函数形式 $G(S_t, IM_t)$ 影响知识资本积累。

知识资本 A_t 可视为一种公共物品，且认为其在所有部门都是相同的，本书假设 A_t 是给定的，且式（2-11）中 F_{ft} 为规模报酬不变的生产函数，在完全竞争市场上，每个企业都是既定价格的接受者，在该情况下，总量生产函数可以由单个部门或企业的生产函数简单加总得到：

$$Y_t = \sum_{f=1}^{N} Y_{ft}, \quad K_t = \sum_{f=1}^{N} K_{ft}, \quad L_t = \sum_{f=1}^{N} L_{ft} \tag{2-14}$$

结合部门或企业产出式（2-11）、公共知识资本式（2-13）和总量生产函数式（2-14），可将经济体总量生产函数表示为：

$$Y_t = \sum_{f=1}^{N} Y_{ft} = F_t(K_t, L_t, A_t) = F_t(K_t, L_t) G(S_t, IM_t) \tag{2-15}$$

这一总量生产函数揭示了进口对经济增长的内在影响机制。其中，K 和 L 分别为资本与劳动对经济增长的影响，进口部门总数 S_t 在一定程度上反映了进口规模对经济增长的影响，IM_t 反映进口结构对经济增长的影响。

从理论上看，进口规模的扩大以及进口结构的优化都能促进一个地区的经济增长。进口规模的扩大，可以引进新的产品和服务类型，提升进口产品的多样化水平，弥补国内供给缺口；进口产品技术含量的增加，通常可以通过技术溢出效应、学习效应和竞争效应，提升中国企业的技术水平与创新能力，进而促进经济增长。

（二）贸易对产业结构优化的影响

2020 年 5 月 14 日以来，中央多次强调要加快形成"以国内大循环为主体、国内国际双循环相互促进的新发展格局"，国际贸易是推进国际经贸合作、畅通国内国际经济循环的重要抓手，是我国实现高水平对外开放的重要途径。从贸易理论的视角看，国际贸易开展的本质为比较优势在国际产业间的转移，由此也可以认为贸易结构是一国产业结构的综合反映。代表性的研究成果如袁欣（2010）认为对外贸易结构与产业结构是"镜像"与"原像"的关系。围绕这一核心观点国内外学者大量探讨了贸易对产业结构优化的影响。

从资源配置理论的视角看，国家间进行国际经贸合作的过程即为一国在更大空间范围内整合资源的过程。一国通过出口贸易和进口贸易行为可以更多地参与国际生产分工格局，促进自身比较优势的充分发挥。与此同时，一国通过与发达国家开展国际贸易合作，可以充分借鉴吸收发达国家在技术、管理等方面的经验，利用国际贸易产生的"技术外溢效应"发展自身的比较优势，从而实现本国产业结构的优化调整（黄庆波和范厚明，2010）。该观点可以从英国的实践得以印证，18 世纪以前英国在国际贸易中的大宗贸易品主要集中于咖啡、香料、丝绸等第一次产业产品，随着英国国际贸易中心地位的逐步确立，其出口产品的产业结构也实现了优化升级，过渡成为机械、钢铁、石油制品等二次产业产品。

从供求定理的视角看，当一国产品的供给大于需求时，过剩供给则会形成一国的出口贸易；反之若一国产品的需求大于供给，过剩需求则会成为一国的进口。从该视角看，国际贸易开展的过程也即贸易双方调剂产品余缺的过程。随着一国的经济发展与产业结构的优化调整，生产能力过剩的现象是无可避免的，面对该问题，出口贸易可以为过剩生产能力提供新的市场，创造新的经济增长点；与此同时，一国在产业结构升级的过程中，其短缺的产品或服务也可以通过进口的方式获取。从世界经济发展史来看，1955～1970 年日本通过"出口导向型"发展战略，实现了国内产业结构的优化调整。与此同时，诸多实证研究也充分表明，国际贸易对于促进国内产业结构优化升级具有显著促进作用，代表性的研究成果如吴进红

（2005）指出，长江三角洲地区出口每增加 1 个百分点，将会带动第一产业产值、第二产业产值和第三产业产值分别增加 0.679 个、1.010 个和 1.337 个百分点。孙晓华和王昀（2013）运用半对数模型和结构效应实证检验了对外贸易结构对产业结构的带动作用，研究发现进出口结构效应对产业结构升级存在显著的正向影响。

二、贸易对区域协调影响的理论分析

在国际经贸合作领域，中国始终是自由贸易的拥护者和实践者。改革开放以来，中国始终以负责任的大国形象推进与其他国家的经贸合作。在新发展格局的构建过程中，出口贸易和进口贸易更是我国畅通国内与国际双循环的抓手，承载着我国实现高水平对外开放的使命。从理论视角看，贸易对于我国区域协调具有显著的影响，其主要通过协调居民的消费水平和收入水平实现。

（一）贸易对居民消费水平的协调

在国际经济理论中，贸易对居民消费水平的影响可以从消费偏好对国际贸易的理论分析中得到解释。假定：（1）A 国和 B 国都能生产两种产品 X 和 Y，且生产能力完全相同，即 A 国和 B 国的生产可能性曲线完全一致；（2）A 国的消费者偏好于消费商品 Y，B 国的消费者偏好于消费商品 X。在满足上述假设条件的情况下，可得不同偏好下 A 国和 B 的贸易开展情况如图 2-1 所示。

在图 2-1 中，TT′表示 A、B 两国的生产可能性曲线，UA 和 UB 表示贸易前 A、B 两国的社会无差异曲线，此时两国的社会无差异曲线与生产可能性曲线分别相切于 A 点和 B 点，公切线即为 A 国和 B 国两种商品的相对价格线。显然，A 国的消费者偏好于消费商品 Y，B 国的消费者偏好于消费商品 X，由此导致贸易开展前 A 国商品 Y 的相对价格高于 B 国，B 国商品 X 的相对价格高于 A 国。两国消费者偏好差异导致的商品相对价格差异成为 A、B 两国开展国际贸易的基础。在此情况下，A 国将出口商品 X 进口商品 Y，B 国则出口商品 Y 进口商品 X，当两国两种商品相对价格趋于一致时（即 A 国和 B 国的相对价格均相等，为图 2 - 1 中 NN′线的斜率），A 国的消费均衡点位于 UA′上的 A′点，B 国的消费均衡点则位于 UB′上的 B′点，两国国际贸易实现均衡。

对比两国贸易前与贸易后消费均衡点的位置可知，A、B 两国通过开展国际贸易可以实现更高的消费水平。

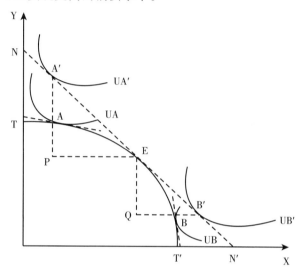

图 2 - 1　基于不同消费偏好的国际贸易

资料来源：笔者整理。

（二）贸易对居民收入水平的协调

关于贸易对居民收入水平的影响在学术界已基本达成共识，从既有的研究成果看，贸易对居民消费水平的协调作用可以从如下几个维度得到解释。

第一，贸易是经济增长的发动机，贸易在促进经济增长的同时能够进一步促进居民收入水平提升（陈怡和陈雅婷，2023；郭熙保和罗知，2008）。该影响机制可以从著名经济学家钱纳里（Chenery）的两缺口模型得到解释，根据两缺口模型"投资 - 储蓄 = 进口 - 出口"，即储蓄缺口（投资 - 储蓄）需要通过外汇缺口（进口 - 出口）来弥补。依据该模型，一国可以通过进出口的作用弥补资金缺口进而实现扩大再生产。这一过程即为一国实现经济增长的过程，亦为收入水平提升的过程。

第二，出口贸易和进口贸易会产生明显的减贫效应和就业效应，代表性的研究成果有：陈思宇和陈斌开（2020）通过中国家庭追踪调查数据分析发现，贸易冲击能够提高农村人口外出务工率而产生增加家庭人均收入的效果；陈怡和戴雪婷（2022）运用中国营养与健康调查数据和多项 Logit 模型实证检验了国际贸易对中国家庭动态贫困的影响，研究结果表明国际贸易对农村贫困家庭脱贫有明显的促进作用；张文武和张莹（2023）实证研究了开放经济框架下贸易开放对劳动力技能升级的影响，研究发现贸易开放能够显著促进劳动力技能升级；毛日昇（2009）运用制造业面板数据研究出口与制造业就业关系时发现，出口通过产出的扩张对制造业劳动需求产生显著影响。在贸易产生的减贫效应和就业效应的作用下，居民的消费水平得以提升，以此实现贸易对居民收入水平的协调。

三、贸易对社会文化发展影响的理论分析

社会文化发展是一个国家长远发展的内核，是一个国家精神文明得以传承的驱动力。习近平总书记在文化传承座谈会和亚洲文明对话大会上分别指出"在新的起点上继续推动文化繁荣、建设文化强国、建设中华民族现代文明，是我们在新时代新的文化使命""文明因多样而交流，因交流而互鉴，因互鉴而发展"。①

关于贸易对社会文化发展的影响，可以从英国对外贸易发展和社会文化历史实际状况中得到印证（Thomas Mun，2017）。实践表明，英国的逐步强大与其高水平的经济贸易、优良社会文化历史之间存在紧密关系。在英国崛起的过程中，英国通过对外贸易不断积累经济财富，在发展贸易的过程中积极顺应本国社会历史发展的需求，以对外贸易为抓手积极推动社会文化各个领域的协同发展。从世界经济发展史的维度看，英国能够成功崛起很大程度上得益于其正统的经济贸易指导思想，在不断发展对外贸易的过程中逐步建立起贸易经济市场，并逐步积淀成英国崇尚自由的文化历史，实现了对外贸易与社会文化相辅相成地发展，形成了英国完整、成熟

---

① 在文化传承发展座谈会上的讲话［J］. 求是，2023（17）.

的对外贸易发展理念和社会文化发展理念。

四、贸易对社会公共服务影响的理论分析

关于贸易对社会公共服务的影响，学术界已经基本达成共识。关于二者之间的关系，学者们多从财政、社会保障等视角展开分析（徐乙尹等，2022；李建军等，2011）。

从财政的视角看，贸易对社会公共服务的影响可以通过"效率假说"得以说明。效率假说作为说明对外开放与财政收支关系的重要假说已经基本得到学术界的认可（Tanzi，2002；Isham and Kaufmann，1999）。效率假说指出，一个国家或一个地区进行对外开放的过程即为降低市场扭曲程度，提高资源配置效率的过程。从效率假说的视角看，一个国家或一个地区为了提高贸易竞争力，则需要增加财政支出，提高社会公共服务的质量，提高教育、医疗水平，完善基础设施。

从社会保障的视角看，贸易对社会公共服务的影响可以由"补偿假说"得到解释（Benarroch and Pandey，2008；Garen and Trask，2005）。补偿假说认为，随着经济全球化程度的不断深化，社会层面面临的不确定性风险会同步上升，劳动力市场也会因经济全球化而受到冲击，人们面临的外部风险加大。因此，补偿假说认为，贸易程度的不断深化会导致社会面临的外部风险增大，政府会出于稳定社会秩序、降低社会风险的目的提供更多的社会保障服务，即国际贸易的开展有助于提高社会公共服务质量。

五、贸易对生态环境影响的理论分析

早在1972年联合国便在人类环境会议提出了"人类环境"的概念，并成立了环境规划署。随着经济全球化的不断深化，国家之间的经贸交流日益密切，也使得"绿色理念""绿色发展""绿色标准"等理念被越来越多的国家所重视。随着全球绿色革命兴起，绿色贸易壁垒开始逐步取代传统的关税壁垒，成为发达国家保护本国产品和市场的重要手段。

从出口贸易的视角看，一国的产品出口需要符合东道国的"绿色标

准"，由此会敦促出口企业在生产经营过程中重视绿色生产，不断对生产设备升级改造，并增加研发投入，切实提高企业的绿色技术研发能力，使其符合国际社会的"绿色标准"，显然这一过程对于改善生态环境具有正向影响。与此同时，从出口贸易的实践经验看，出口企业一般十分重视其在国际市场经营中的声誉，由此会促进企业在出口贸易行为中践行"绿色理念"，使企业的"绿色标准"得以提升。代表性的研究成果如：李静等（2023）通过双重差分法实证研究了绿色贸易壁垒对中国出口企业行为的影响发现，绿色贸易壁垒能不同程度地改善出口企业的环境绩效，降低大气和水污染排放强度，提高用水效率。

从进口贸易的视角看，伴随着"碳达峰"和"碳中和"双碳政策的谋划和整体部署，绿色、环保、低碳的可持续发展方式逐步成为人们的共识，人们对于进口产品绿色环保标准也越来越高。在此背景下，产品进入一国的国内市场便需要满足该国对进口产品所设置的绿色环保标准。与此同时，进口产品也将会与本土企业的相关产品形成竞争关系。在进口产品与本土产品的竞争中，消费者的选择直接关乎企业能否持续经营下去，实践经验表明，符合消费者消费理念的产品最终会存活于一国的市场当中。从该视角看，贸易品的流入为一国消费者提供了更多可选择的空间，进口产品与本土产品的竞争机制会促使进口企业和本土企业充分重视环境保护、重视绿色生产，不断为消费者提供符合环保标准、绿色标准的产品。从该维度看，进口贸易对于改善生态环境具有积极作用。

第三节　贸易对共同富裕影响的理论框架

前述研究结合共同富裕的本质内涵，依次从理论视角分析了贸易对共同富裕所涉及的五个维度，即经济发展、区域协调、社会文化发展、社会公共服务和生态环境方面的影响。

从经济发展的维度看，无论是出口贸易还是进口贸易，对于一国或一地区实现经济增长具有正向影响；与此同时，一国通过发展对外贸易也有助于其产业结构优化。从区域协调的视角看，出口贸易和进口贸易作为我国畅通国内和国际双循环的抓手，能够协调居民的消费水平和收入水平从而发挥区域协调作用。贸易对社会文化发展影响的理论分析表明，一国的对外贸易和社会文化的发展是相辅相成的，英国的实践经验表明发展对外贸易推动了该国社会文化发展。从社会公共服务的视角看，效率假说和补偿假说均支持发展对外贸易有助于提升本国社会公共服务质量的结论。贸易对生态环境影响的理论分析表明，无论是出口贸易还是进口贸易均有助于改善一国的生态环境。基于此，可以构建贸易对共同富裕影响的理论框架如图 2 – 2 所示。

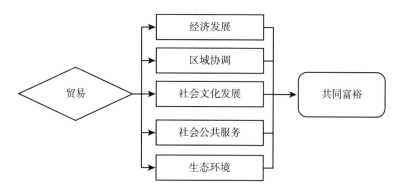

图 2 – 2　贸易对共同富裕影响的理论框架
资料来源：笔者整理。

第四节　本章小结

　　本章从共同富裕的本质内涵出发，通过系统梳理进出口贸易对共同富裕影响的文献资料，结合国际经济理论、经济增长理论、资源配置理论和发展经济学相关理论，分别从出口贸易和进口贸易的视角分析了贸易对共同富裕所涉及的各个维度，即经济发展、区域协调、社会文化发展、社会公共服务和生态环境五个方面的影响，在此基础上构建了贸易对共同富裕影响的理论框架。

第三章

我国对外贸易发展的特征事实

在新发展格局下，对外贸易是我国畅通国内国际经济循环的重要抓手，承载着建设更高水平开放型经济新体制的重要使命。本章从我国对外贸易发展历程、出口贸易发展特征、进口贸易发展特征三个维度系统梳理我国对外贸易发展的特征事实。

第一节　我国对外贸易的发展历程

世界银行统计数据显示，时下中国与美国互为世界第一大货物贸易国、第二大服务贸易国，截至2022年中国的货物贸易额和服务贸易额已分别达6.03万亿美元和0.83万亿美元，同期美国的货物贸易额和服务贸易额分别为5.36万亿美元、1.63万亿美元（见表3－1）。数据显示，1982～2022年，中国的货物贸易额和服务贸易额均呈现出大规模的增长趋势。其中1982年，中国的货物贸易额仅为0.04万亿美元。2013年和2014年中国货物贸易额连续两年超越美国，分别达到3.94万亿美元和4.05万亿美元。2017～2022年，中国货物贸易额连续六年领先美国，成为名副其实的货物贸易第一大国。从服务贸易额的变化情况看，1982年中国服务贸易额仅为0.0045万亿美元，截至2022年已达到0.83万亿美元。

表 3-1　　　　　1982~2022 年中美两国货物贸易与服务贸易状况　　　单位：万亿美元

年份	货物贸易		服务贸易		年份	货物贸易		服务贸易	
	中国	美国	中国	美国		中国	美国	中国	美国
1982	0.04	0.46	0.00	0.12	2003	0.74	2.00	0.11	0.55
1983	0.04	0.47	0.00	0.12	2004	1.01	2.31	0.15	0.64
1984	0.05	0.55	0.01	0.14	2005	1.26	2.61	0.16	0.69
1985	0.06	0.55	0.01	0.15	2006	1.58	2.92	0.19	0.77
1986	0.06	0.59	0.01	0.17	2007	1.94	3.15	0.27	0.88
1987	0.07	0.66	0.01	0.19	2008	2.32	3.45	0.32	0.96
1988	0.09	0.77	0.01	0.21	2009	2.00	2.65	0.30	0.93
1989	0.09	0.84	0.01	0.23	2010	2.72	3.23	0.37	1.02
1990	0.09	0.89	0.01	0.27	2011	3.39	3.74	0.45	1.10
1991	0.11	0.91	0.01	0.28	2012	3.64	3.87	0.48	1.15
1992	0.13	0.98	0.02	0.30	2013	3.94	3.89	0.54	1.19
1993	0.16	1.05	0.02	0.31	2014	4.05	4.02	0.65	1.25
1994	0.20	1.17	0.03	0.33	2015	3.71	3.78	0.65	1.27
1995	0.24	1.32	0.04	0.36	2016	3.49	3.66	0.65	1.30
1996	0.28	1.42	0.04	0.39	2017	3.96	3.91	0.69	1.39
1997	0.15	1.56	0.09	0.42	2018	4.45	4.23	0.76	1.43
1998	0.15	1.59	0.09	0.44	2019	4.38	4.17	0.75	1.48
1999	0.17	1.73	0.10	0.47	2020	4.51	3.78	0.61	1.19
2000	0.24	2.02	0.11	0.52	2021	5.87	4.62	0.78	1.36
2001	0.26	1.89	0.13	0.51	2022	6.03	5.36	0.83	1.63
2002	0.31	1.87	0.15	0.52	—	—	—	—	—

注：表中的"0.00"为取两位有效数字后的数值。

资料来源：世界银行数据库，https：//data.worldbank.org.cn/。

随着历史的更迭，我国的对外贸易规模和结构也在发生着巨大的变化①。纵观我国对外贸易的发展历程，可将其划分为三个阶段：第一阶段，改革开放前的缓慢发展阶段（1949~1978 年）；第二阶段，改革开放后的快速扩张阶段（1978~2001 年）；第三阶段，加入 WTO 后的转型升级阶段（2001 年至今）。在不同阶段，我国对外贸易呈现出了不同的特征。

一、1949~1978 年，我国对外贸易呈缓慢发展的特征

该时期我国正处于计划经济时期，对外贸易具有较强的政治导向特

---

① 在我国的对外贸易发展中，货物贸易一直占据较大比重。在本书的后续研究中，若无特殊说明，书中所提及的出口贸易、进口贸易均为货物贸易额。

征，对外贸易由国家垄断经营，遵循自给自足的目标，与国际市场的交流基本为零。由此也使得该时期我国的对外贸易体量非常小，占国内生产总值的比重不足5%，占世界贸易份额不足1%。从贸易对象国和贸易品的结构来看，1949～1978年我国的贸易伙伴国主要为社会主义国家，并且主要出口初级产品、进口工业原料和设备。此时，中国对外贸易结构单一、低端、落后。国家统计局统计数据显示，1950年我国出口贸易额为5.5亿美元，进口贸易额为5.8亿美元，贸易逆差0.3亿美元。截至1978年，我国出口贸易额达到97.5亿美元，进口贸易额增长至108.9亿美元，贸易逆差额也达到该时期的最高水平11.5亿美元（见表3-2）。

表3-2　　　　　　　1949～1978年中国进出口贸易状况　　　　　单位：亿美元

年份	出口总额	进口总额	差额	年份	出口总额	进口总额	差额
1949	—	—	—	1964	19.2	15.5	3.7
1950	5.5	5.8	-0.3	1965	22.3	20.2	2.1
1951	7.6	12.0	-4.4	1966	23.7	22.5	1.2
1952	8.2	11.2	-3.0	1967	21.4	20.2	1.2
1953	10.2	13.5	-3.3	1968	21.0	19.5	1.5
1954	11.5	12.9	-1.4	1969	22.0	18.3	3.7
1955	14.1	17.3	-3.2	1970	22.6	23.3	-0.7
1956	16.5	15.6	0.9	1971	26.4	22.0	4.4
1957	16.0	15.0	1.0	1972	34.4	28.6	5.8
1958	19.8	18.9	0.9	1973	58.2	51.6	6.6
1959	22.6	21.2	1.4	1974	69.5	76.2	-6.7
1960	18.6	19.5	-0.9	1975	72.6	74.9	-2.3
1961	14.9	14.5	0.4	1976	68.5	65.8	2.7
1962	14.9	11.7	3.2	1977	75.9	72.1	3.8
1963	16.5	12.7	3.8	1978	97.5	108.9	-11.5

注：表中"—"表示数据资料缺失。

资料来源：国家统计局官网，https：//www.stats.gov.cn/sj/。

二、1978～2001年，我国对外贸易呈现出快速扩张的特征

1978年，我国开始实施改革开放政策，并开始逐步建立社会主义市场经济体制，积极参与国际分工；20世纪90年代更是制定了出口导向型发

展战略，大力发展出口导向型产业。在一系列政策的引导下，我国贸易规模开始呈现出迅速扩张的趋势，对外贸易规模迅速增长（见图3-1）。国家统计局数据显示，1978年我国对外贸易占GDP的比重仅为9.7%，2000年该比重已上升至39.1%。该时期，中国与多个国家和地区建立了全面、多层次、宽领域的经贸合作关系。从贸易的要素密度情况看，该时期我国出口商品集中于劳动密集型产品，进口的商品主要为资本密集型产品。从1978~2001年中国对外贸易的发展态势看，可以大体划分为两个时期：（1）第一时期为1978~1993年，该时期中国对外贸易呈缓慢增长的态势，出口贸易额和进口贸易额比较接近。其中，1979年我国出口贸易额为136.6亿美元，进口贸易额为156.7亿美元，贸易逆差额为20.1亿美元；1989年出口贸易额增至525.4亿美元，进口增至591.4亿美元，逆差额为66亿美元；1993年我国出口贸易规模和进口贸易规模进一步扩张至917.4亿美元和1039.6亿美元，逆差额达到122.2亿美元。（2）第二个时期为1994~2001年，该时期我国对外贸易额增长幅度明显加快，进出口贸易差额转为顺差状态。其中，1994年我国出口贸易额达到1210.1亿美元，首次突破1000亿美元，进口贸易额为1156.2亿美元，贸易顺差额为53.9亿美元，截至2001年中国的出口贸易额和进口贸易额分别达到2661亿美元和2435.5亿美元，该年我国贸易顺差额达225.5亿美元。

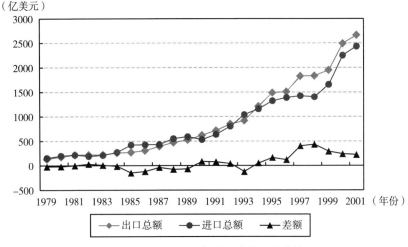

图3-1 1979~2001年我国进出口贸易情况

资料来源：国家统计局官网，https：//www.stats.gov.cn/sj/。

三、2001 年至今为我国对外贸易的转型升级阶段

以 2001 年中国加入世界贸易组织（WTO）为标志，我国对外贸易正式进入转型升级阶段。该时期，中国进一步深化改革开放，以更加开放的姿态参与国际经贸合作。2003 年实施"走出去"战略、2013 年创造性地提出"一带一路"倡议、全面深入地推进与其他金砖国家的经贸务实合作、推进区域全面经济伙伴关系协定（RCEP）落地生效，该时期我国对外贸易也相应地由规模扩张向结构优化、由要素驱动向创新驱动转变。表 3－3 中的数据资料显示，2001～2022 年我国出口贸易额、进口贸易额均呈现出迅猛增长的趋势，其中 2001 年出口贸易额、进口贸易额分别为 2661 亿美元、2435.5 亿美元，进出口贸易额占 GDP 的比重为 38.1%；2006 年出口贸易额、进口贸易额分别增至 9689.8 亿美元、7914.6 亿美元，该年我国进出口贸易额占 GDP 的比重达到峰值 64%；2007 年中国出口贸易额率先突破 1 万亿美元，达到 1.22 万亿美元；截至 2022 年，中国出口贸易额达到 35605.4 亿美元，进口贸易额达到 27095.7 亿美元，均达到历史最高水平。从我国进出口贸易占 GDP 的比重看，2006 年以后该比重呈现出下降的趋势，近些年一直稳定在 30%～35% 的水平，其中 2018～2022 年分别为 33.3%、32.1%、31.7%、33.6%、34.9%。

表 3－3　　　　　　2001 年以来我国进出口贸易额及占 GDP 比重

年份	出口总额（亿美元）	进口总额（亿美元）	占比*（%）	年份	出口总额（亿美元）	进口总额（亿美元）	占比*（%）
2001	2661.0	2435.5	38.1	2012	20487.1	18184.1	45.3
2002	3256.0	2951.7	42.2	2013	22090.0	19499.9	43.5
2003	4382.3	4127.6	51.3	2014	23422.9	19592.4	41.1
2004	5933.3	5612.3	59.0	2015	22734.7	16795.6	35.7
2005	7619.5	6599.5	62.2	2016	20976.3	15879.3	32.8
2006	9689.8	7914.6	64.0	2017	22633.4	18437.9	33.4
2007	12200.6	9561.2	61.3	2018	24867.0	21357.5	33.3
2008	14306.9	11325.6	55.8	2019	24994.8	20784.1	32.1
2009	12016.1	10059.2	43.3	2020	25899.5	20659.6	31.7
2010	15777.5	13962.5	48.9	2021	33160.2	26797.7	33.6
2011	18983.8	17434.8	48.2	2022	35605.4	27095.7	34.9

注：* 为进出口贸易额占 GDP 的比重。

资料来源：国家统计局官网，https：//www.stats.gov.cn/sj/；世界银行数据库，https：//data.worldbank.org.cn/。

当前，中国已成为全球最大的货物出口国和第二大货物进口国。随着"一带一路"倡议的稳步推进，中国与各方秉持高质量共建"一带一路"的目标，积极推进与共建国家的经贸合作，打造高水平对外开放平台。目前，我国的出口商品主要集中于机电产品和高新技术产品，进口商品则以资源能源产品和高端设备为主。

第二节　出口贸易发展特征分析

为了进一步明晰我国对外贸易的发展状况，本节从中国省域和区域维度出发，从出口规模和出口贸易依存度视角探究我国出口贸易的发展特征。

一、我国各省份、各区域出口贸易规模分析

（一）各省份出口贸易规模

步入 21 世纪以来，中国的对外贸易呈现出猛增长的趋势。我国各个省份也凭借自身的比较优势积极参与国际贸易合作。表 3 – 4 中为 2000～2022 年我国各省份（未包含我国香港、澳门和台湾地区数据）出口贸易状况。

表 3 – 4　　　　2000～2022 年中国不同省份货物贸易出口总额　　单位：亿美元

省份	2000年	2002年	2004年	2006年	2008年	2010年	2012年	2014年	2016年	2018年	2020年	2022年
北京	119.7	126.1	205.7	379.5	575.0	554.4	596.3	623.4	520.2	740.8	671.5	880.9
天津	86.3	116.3	208.5	334.9	421.0	374.8	483.1	525.9	442.8	488.1	443.5	560.8
河北	37.1	45.9	93.4	128.3	240.0	225.6	296.0	357.1	305.8	339.8	364.5	492.8
山西	12.4	16.6	40.3	41.4	92.5	47.0	70.2	89.4	99.3	122.7	126.8	180.2
内蒙古	9.7	8.1	13.5	21.4	35.9	33.3	39.7	63.9	44.0	57.5	50.4	91.9
辽宁	108.6	123.7	189.1	283.2	420.7	431.0	579.6	587.5	430.6	487.9	383.3	536.9
吉林	12.6	17.7	17.1	30.0	47.7	44.8	59.8	57.8	42.0	49.4	42.1	75.2

续表

省份	2000年	2002年	2004年	2006年	2008年	2010年	2012年	2014年	2016年	2018年	2020年	2022年
黑龙江	14.5	19.9	36.8	84.4	168.1	162.8	144.4	173.4	50.4	44.5	51.9	81.3
上海	253.5	320.4	735.1	1135.9	1691.5	1807.1	2067.3	2101.3	1833.5	2071.1	1980.4	2558.5
江苏	257.7	384.7	874.9	1604.1	2380.3	2705.2	3285.2	3418.3	3190.5	4039.7	3961.3	5193.2
浙江	194.4	294.1	581.1	1008.9	1543.0	1804.6	2245.2	2733.3	2678.6	3210.2	3631.1	5159.1
安徽	21.7	24.5	39.4	68.1	113.6	124.1	267.5	314.9	284.5	362.0	455.8	713.4
福建	129.1	173.7	293.9	412.6	569.9	714.9	978.3	1134.5	1036.8	1155.3	1223.8	1820.5
江西	12.0	10.5	19.9	37.5	77.3	134.2	251.1	320.3	298.0	339.4	420.6	755.6
山东	155.3	211.1	358.4	586.0	931.9	1042.3	1287.1	1447.1	1371.0	1601.2	1889.2	2883.6
河南	15.0	21.2	41.7	66.3	107.2	105.3	296.5	393.8	428.1	537.8	593.0	780.8
湖北	19.4	21.0	33.8	62.6	117.1	144.4	194.0	266.4	260.4	340.7	390.6	625.9
湖南	16.5	18.0	31.1	50.9	84.1	79.6	126.0	199.4	176.9	305.4	478.2	768.6
广东	919.2	1184.6	1915.7	3019.5	4056.6	4531.9	5740.5	6460.5	5986.0	6465.0	6282.6	7990.5
广西	14.9	15.1	23.9	35.9	73.5	96.0	154.5	243.3	229.3	327.9	391.8	529.6
海南	8.0	8.2	10.9	13.8	15.9	23.2	31.4	44.2	21.3	44.9	40.2	107.3
重庆	10.0	10.9	20.9	33.5	57.2	74.9	385.7	634.7	406.5	513.5	605.2	783.6
四川	13.9	27.1	39.8	66.2	131.3	188.4	384.7	448.4	279.5	503.7	672.4	927.4
贵州	4.2	4.4	8.7	10.4	19.0	19.2	49.5	94.0	47.4	51.2	62.3	68.2
云南	11.8	14.3	22.4	33.9	49.8	76.1	100.2	187.9	114.9	128.1	221.4	229.6
西藏	1.1	0.8	1.3	2.2	7.1	7.7	33.6	21.0	4.7	4.3	1.9	6.5
陕西	13.1	13.8	24.0	36.3	53.8	62.1	86.5	139.3	158.4	316.0	278.9	447.2
甘肃	4.1	5.5	10.0	15.1	16.0	16.4	35.7	53.3	40.6	22.1	12.4	18.0
青海	1.1	1.5	4.5	5.3	4.2	4.7	7.3	11.3	13.7	4.7	1.8	3.6
宁夏	3.3	3.3	6.5	9.4	12.6	11.7	16.4	43.0	24.9	27.3	12.5	24.2
新疆	12.0	13.1	30.5	71.4	193.0	129.7	193.5	234.8	155.8	164.1	158.3	310.4

注：鉴于篇幅所限，各省份数据未能全部列出，详细数据参看附录。

资料来源：国家统计局官网，https：//www.stats.gov.cn/sj/。

表3-4中的数据显示：2000～2022年，我国各个省份出口贸易额均呈现出不同程度的增长趋势。以2000年我国各省份出口贸易数据为基期，截至2022年，除青海省等六省份外，绝大多数省份出口贸易规模增长了5倍以上，重庆市出口贸易规模更是增长了近78倍。具体到各个省份看，各

省份出口贸易规模差异明显，省际非均衡性特征十分突出。其中，2000 年以来，广东省出口贸易规模始终位列省际层面第一位，该省 2000 年出口贸易额为 919.2 亿美元，2002 年突破 1000 亿美元达到 1184.6 亿美元，2011 年突破 5000 亿美元，截至 2022 年广东省出口贸易规模已经达到 7990.5 亿美元，是我国名副其实的出口贸易第一大省；与此同时，江苏省、浙江省出口贸易规模在 2000～2022 年也始终位于全国领先水平，该两省 2000 年的出口贸易额分别为 257.7 亿美元、194.4 亿美元，截至 2022 年已分别增至 5193.2 亿美元、5159.1 亿美元；除此之外，山东省、上海市和福建省出口贸易规模也相对较大，2006 年上海市出口贸易额突破 1000 亿美元，达到 1135.9 亿美元，2010 年山东省出口贸易额超过 1000 亿美元，2013 年福建省突破 1000 亿美元，截至 2022 年山东省、上海市、福建省三地的出口贸易规模分别达到 2883.6 亿美元、2558.5 亿美元、1820.5 亿美元。相较而言，内蒙古自治区、吉林省、辽宁省、贵州省、西藏自治区、甘肃省、青海省、宁夏回族自治区的出口贸易规模则处于较低的水平，其中 2000 年青海省、西藏自治区出口贸易额分别为 1.1 亿美元、1.1 亿美元，截至 2022 年其出口贸易额也均未突破 10 亿美元，仅为 3.6 亿美元和 6.5 亿美元，是出口规模最小的两个省份。

（二）各区域出口贸易规模

我国省级层面的出口贸易数据显示，出口贸易规模比较大的省份主要集中于东部地区，而西部地区省份的出口贸易规模明显偏小。为了更加准确地分析我国出口贸易特征，本部分根据地理位置将我国各个省份划分为东部地区、中部地区、西部地区和东北地区[①]，通过对各区域各省份的出口贸易额求取算数平均值，得到 2000～2022 年我国各地区的出口贸易情况如表 3-5 所示。

---

① 东部地区包括北京市、天津市、河北省、上海市、江苏省、浙江省、福建省、山东省、广东省、海南省；中部地区包括山西省、内蒙古自治区、安徽省、江西省、河南省、湖北省、湖南省；西部地区包括广西壮族自治区、重庆市、四川省、贵州省、云南省、西藏自治区、陕西省、甘肃省、宁夏回族自治区、青海省、新疆维吾尔自治区；东北地区包括辽宁省、吉林省和黑龙江省。

表 3 - 5　　　　　　　　2000～2022 年我国各地区出口贸易情况　　　　　单位：亿美元

年份	东部	中部	西部	东北	年份	东部	中部	西部	东北
2000	2417.4	1232.2	97.6	135.6	2012	19194.1	11892.1	1479.1	783.8
2001	2589.7	1362.7	92.2	140.8	2013	20538.6	12520.4	1775.4	874.9
2002	3161.3	1665.0	117.9	161.2	2014	21556.0	13301.3	2154.4	818.6
2003	4251.1	2322.6	159.5	196.4	2015	21153.4	13017.2	1898.1	633.6
2004	5764.8	3306.7	203.2	243.1	2016	19729.9	12224.5	1497.0	523.0
2005	7408.5	4296.2	250.0	319.7	2017	21175.7	13287.6	1782.6	544.9
2006	9405.5	5493.6	333.5	397.5	2018	23131.7	14725.3	2107.8	581.8
2007	11787.9	6990.0	454.5	514.4	2019	23192.0	14937.9	2230.1	552.1
2008	13762.9	8380.8	633.4	636.5	2020	23872.5	15678.5	2459.0	477.2
2009	11602.6	6976.6	510.3	466.2	2021	30955.4	20615.8	3180.2	636.5
2010	15186.8	9380.8	710.0	638.6	2022	32786.6	22224.7	3455.6	693.4
2011	18076.0	11286.3	1057.8	737.1	—	—	—	—	—

资料来源：国家统计局官网，https：//www.stats.gov.cn/sj/。

表 3 - 5 中的数据显示：从区域视角看，2000～2022 年我国东部地区、中部地区、西部地区和东北地区的出口贸易额均呈现出不同程度的增长趋势，其中 2000 年各个地区的出口贸易额分别为 2417.4 亿美元、1232.2 亿美元、97.6 亿美元和 135.6 亿美元，2022 年分别增长至 32786.6 亿美元、22224.7 亿美元、3455.6 亿美元和 693.4 亿美元，分别增长了 12.56 倍、17.04 倍、34.41 倍和 4.11 倍。与此同时，我国区域之间的出口贸易规模也呈现出十分明显的差异。具体来看，2000 年东部地区出口贸易规模已突破 2000 亿美元，中部地区也突破了 1000 亿美元，但西部地区却尚未突破 100 亿美元。2007 年东部地区出口贸易突破 10000 亿美元，2013 年突破 20000 亿美元，2021 年更是突破了 30000 亿美元；相应地，中部地区出口贸易规模在 2011 年、2021 年分别突破了 10000 亿美元和 20000 亿美元，分别为 11286.3 亿美元、20615.8 亿美元；反观西部地区和东北地区，截至 2022 年，西部地区出口贸易额未达到 5000 亿美元，东北地区尚未突破 1000 亿美元。

另外，2000～2022 年，从我国东部地区、中部地区、西部地区和东北地区出口贸易额的变动趋势看，东部地区、中部地区的出口贸易额呈现出稳中有增的态势，西部地区出口贸易额呈小幅度上升趋势，但东北地区出口贸易额变动非常缓慢，各区域之间出口贸易额的差距呈逐步拉大的趋势，如图 3 – 2 所示。

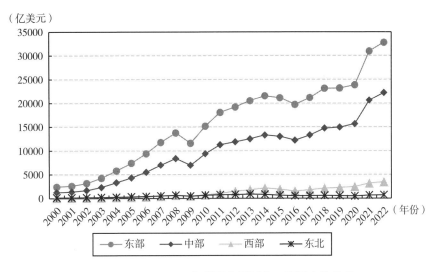

图 3 – 2　2000～2022 年我国各区域出口贸易变化趋势
资料来源：国家统计局官网，https：//www. stats. gov. cn/sj/。

二、我国各省份、各区域出口贸易依存度分析

在国际贸易中，出口依存度（ED）常用于衡量一国或一地区经济发展对出口的依赖情况，具体计算公式如式（3 – 1）所示：

$$ED_{it} = EX_{it}/GDP_{it} \qquad (3-1)$$

式（3 – 1）中，EX_{it} 表示 t 时期 i 省（区域）的出口贸易额，GDP_{it} 表示 t 时期 i 省（区域）的地区生产总值。以式（3 – 1）为基础，本部分对我国各省份、各区域的出口贸易依存度进行测算分析。

（一）各省份出口贸易依存度分析

依据测算公式（3 – 1），可得 2000～2022 年我国各省份的出口贸易依存度情况如表 3 – 6 所示。

表3-6　　　　　2000～2022年我国各省份出口贸易依存度　　　单位：%

省份	2000年	2002年	2004年	2006年	2008年	2012年	2014年	2016年	2018年	2020年	2022年
北京	30.23	23.07	27.23	36.08	33.80	19.79	16.70	12.78	14.81	12.89	14.24
天津	44.86	49.96	65.84	75.46	56.42	33.72	30.36	25.63	24.17	21.84	23.13
河北	6.64	6.89	10.19	10.19	11.74	8.10	8.70	7.13	6.92	6.98	7.82
山西	5.55	5.92	9.55	7.00	8.90	3.79	4.54	5.52	5.09	4.90	4.73
内蒙古	5.22	3.44	3.81	4.10	4.00	2.39	3.23	2.12	2.36	2.01	2.67
辽宁	19.25	18.75	24.20	26.91	24.07	20.50	18.02	14.03	13.73	10.57	12.46
吉林	5.94	7.16	5.78	7.40	6.85	4.35	3.56	2.68	2.91	2.37	3.87
黑龙江	4.21	5.07	7.37	12.62	16.36	8.27	8.75	2.81	2.29	2.63	3.44
上海	43.61	45.76	75.09	85.43	80.81	61.25	51.08	40.75	38.06	35.06	38.54
江苏	24.94	30.02	48.85	60.20	53.42	38.62	32.39	27.40	28.68	26.58	28.43
浙江	26.11	30.28	41.91	52.56	50.35	41.22	41.95	37.65	36.63	38.72	44.65
安徽	5.75	5.30	6.35	8.39	8.29	9.21	8.59	7.18	7.04	8.26	10.65
福建	28.38	32.18	42.59	44.04	36.21	30.59	27.94	23.26	19.76	19.36	23.06
江西	4.95	3.55	4.86	6.37	7.74	12.38	12.56	10.76	9.89	11.25	15.85
山东	15.53	17.34	22.29	24.63	23.88	18.91	17.51	15.50	15.90	17.90	22.18
河南	2.45	2.91	4.11	4.42	4.20	6.47	7.00	7.06	7.13	7.54	8.56
湖北	4.52	4.12	5.05	6.63	7.07	5.42	5.79	5.19	5.37	6.27	7.83
湖南	3.85	3.58	4.64	5.46	5.17	3.75	4.73	3.81	5.56	7.94	10.62
广东	70.39	72.09	84.98	92.72	76.76	63.57	58.22	48.39	42.81	38.99	41.62
广西	5.93	4.94	5.97	6.48	7.90	8.64	11.00	9.45	11.05	12.22	13.54
海南	12.62	10.55	11.27	10.67	7.47	7.10	7.87	3.45	6.05	4.99	10.59
重庆	4.52	3.96	5.66	6.85	6.74	21.00	26.63	14.98	15.74	16.67	18.09
四川	2.94	4.75	5.23	6.22	7.15	10.15	9.53	5.60	7.77	9.56	10.99
贵州	3.38	2.94	4.35	3.66	3.77	4.64	6.29	2.67	2.21	2.40	2.27
云南	4.79	5.02	5.91	6.61	5.75	5.70	8.22	4.66	4.06	6.22	5.33
西藏	7.96	4.14	4.95	6.20	12.34	29.82	13.73	2.67	1.83	0.68	2.05
陕西	6.01	5.05	6.31	6.30	5.21	3.86	4.92	5.52	8.73	7.39	9.18

续表

省份	2000 年	2002 年	2004 年	2006 年	2008 年	2012 年	2014 年	2016 年	2018 年	2020 年	2022 年
甘肃	3.26	3.69	4.99	5.46	3.62	4.18	5.02	3.91	1.81	0.95	1.08
青海	3.52	3.67	8.48	7.28	3.25	3.01	3.75	4.03	1.13	0.41	0.67
宁夏	9.19	7.20	10.29	11.00	7.67	4.86	10.68	5.94	5.15	2.18	3.21
新疆	7.31	6.72	11.62	19.24	32.36	16.48	15.57	10.75	8.48	7.91	11.77

注：鉴于篇幅所限，各省份数据未能全部列出，详细数据参看附录。

资料来源：国家统计局官网，https://www.stats.gov.cn/sj/。

表 3-6 中的测算结果显示：2000～2022 年，我国绝大多数省份出口贸易依存度呈先升后降的趋势。具体来看，2000～2008 年前后，我国绝大多数省份出口贸易依存度呈上升趋势，2008～2022 年则呈明显的下降趋势。例如，2000 年我国出口贸易依存度排名居前三位的省份分别是上海市、广东省和天津市，其中该三省的出口贸易依存度分别为 43.61%、70.39%、44.86%，2006 年该三省的出口贸易依存度达到峰值，分别为85.43%、92.72%、75.46%；与此同时，新疆维吾尔自治区、黑龙江省、河北省 2008 年出口贸易依存度达到峰值，分别为 32.36%、16.36%、11.74%。具体到我国各省份之间来看，2000～2022 年，我国省际之间出口贸易依存度存在较大的差异。以 2022 年为例，浙江省、广东省、上海市分别以 44.65%、41.62%、38.54% 的出口依存度水平位居中国省际层面前三位，同年江苏省、天津市、福建省、山东省的出口贸易依存度水平也均在 20% 以上。相较而言，陕西省（9.18%）、河南省（8.56%）、湖北省（7.83%）、河北省（7.82%）、云南省（5.33%）、山西省（4.73%）、吉林省（3.87%）、黑龙江省（3.44%）、宁夏回族自治区（3.21%）、内蒙古自治区（2.67%）、贵州省（2.27%）、西藏自治区（2.05%）、甘肃省（1.08%）13 个省份的出口贸易依存度不足 10%，青海省仅为 0.67%。由此也反映出我国省际之间出口贸易依存度非均衡性特征十分突出。

（二）各区域出口贸易依存度分析

2000～2022 年我国东部地区、中部地区、西部地区和东北地区出口贸易依存度及其动态变化情况如图 3-3 所示。

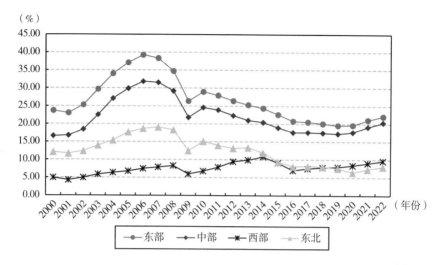

单位：%

区域	2000 年	2001 年	2002 年	2003 年	2004 年	2005 年	2006 年	2007 年	2008 年	2009 年	2010 年	2011 年
东部	23.70	23.02	25.30	29.66	34.04	37.12	39.27	38.37	34.73	26.38	28.98	27.96
中部	16.58	16.73	18.45	22.54	27.11	29.87	31.84	31.56	29.19	21.82	24.57	23.89
西部	4.95	4.27	4.94	5.89	6.37	6.77	7.49	7.90	8.31	5.99	6.82	7.89
东北	12.11	11.68	12.42	13.94	15.41	17.70	18.70	19.08	18.34	12.50	15.11	13.99
区域	2012 年	2013 年	2014 年	2015 年	2016 年	2017 年	2018 年	2019 年	2020 年	2021 年	2022 年	—
东部	26.43	25.32	24.38	22.62	20.81	20.57	20.12	19.61	19.69	21.09	22.14	—
中部	22.33	21.01	20.47	18.99	17.63	17.66	17.49	17.27	17.68	19.18	20.38	—
西部	9.45	9.90	10.83	9.11	7.04	7.55	7.84	7.97	8.43	9.03	9.66	—
东北	13.18	13.38	11.93	9.41	8.13	8.19	8.09	7.60	6.47	7.39	8.05	—

资料来源：国家统计局官网，https://www.stats.gov.cn/sj/。

图 3 - 3　2000 ~ 2022 年我国各区域出口贸易依存度变化

图 3 - 3 中的数据情况表明：2000 ~ 2022 年，我国东部地区、中部地区、西部地区和东北地区出口贸易依存度存在显著差异，其中东部地区出口贸易依存度最高，中部次之，2000 ~ 2018 年东北地区出口贸易依存度高于西部地区，而 2018 年以后西部地区出口贸易依存度则高于东北地区，其中 2000 年东部地区、中部地区、西部地区、东北地区的出口贸易依存度分别为23.70%、16.58%、4.95%、12.11%，2018 年四个区域的出口贸易依存度分别为20.12%、17.49%、7.84%、8.09%，2022 年分别为22.14%、20.38%、9.66%、8.05%。从各地区出口贸易依存度的变化趋势看，2000 ~ 2022 年我

国东部、中部和东北地区出口贸易依存度的变化在空间上具有较强的相似性，这三个区域出口贸易依存度2000~2007年前后均呈现出明显的上升趋势，其中东部地区和中部地区出口贸易依存于2006年达到最高水平，分别为39.27%、31.84%，2007年东北地区出口贸易依存度达到峰值19.08%，随后三个区域的出口贸易依存度开始呈现出明显的下降趋势。此外，我国西部地区出口贸易依存度变化则相对比较稳定，2000~2022年基本上位于5%~10%的区间范围内，2014年出口贸易依存度达到最高水平（10.83%）。

第三节 进口贸易的发展特征分析

依据我国出口贸易发展特征的分析思路，本节进一步从进口规模和进口贸易依存度视角分析我国进口贸易的发展特征。

一、我国各省份、各区域进口贸易规模分析

（一）各省份进口贸易规模

2000年以来，我国的进口贸易也呈现出快速发展的趋势，表3-7中列示了2000~2022年我国各省份进口贸易额变化情况。

表3-7　　　　　　2000~2022年中国各省份进口贸易额　　　　　单位：亿美元

省份	2000年	2002年	2004年	2006年	2008年	2010年	2012年	2014年	2016年	2018年	2020年	2022年
北京	376.5	398.9	740.1	1200.8	2141.9	2462.9	3484.8	3531.8	2303.3	3384.1	2693.3	4580.0
天津	85.3	111.8	211.8	309.7	383.0	446.2	673.2	813.0	583.8	737.5	619.7	685.3
河北	15.3	20.7	41.9	57.0	144.2	195.0	209.6	241.7	161.0	199.2	280.2	331.1
山西	5.3	6.5	13.5	24.9	51.4	78.7	80.3	72.9	67.3	84.9	91.6	94.9
内蒙古	16.5	16.3	23.7	38.2	53.3	54.0	72.9	81.6	72.4	99.4	101.8	133.3
辽宁	81.8	93.7	155.0	200.7	303.6	376.1	461.3	552.5	434.9	658.1	565.0	649.6
吉林	13.1	19.3	50.8	49.2	85.6	123.7	185.2	206.0	142.5	157.3	143.2	158.7
黑龙江	15.4	23.6	31.1	44.2	63.2	92.3	231.6	215.7	115.0	219.9	170.4	315.6
上海	293.6	405.9	865.0	1139.3	1529.1	1882.4	2298.6	2562.7	2504.2	3085.4	3057.9	3699.6
江苏	198.7	318.2	833.5	1235.7	1542.4	1952.6	2194.4	2217.2	1902.4	2599.4	2467.1	2949.9

续表

省份	2000年	2002年	2004年	2006年	2008年	2010年	2012年	2014年	2016年	2018年	2020年	2022年
浙江	83.9	125.5	270.7	382.5	568.4	730.7	878.8	817.1	687.1	1113.2	1254.3	1873.9
安徽	11.7	17.3	32.7	54.1	88.2	118.6	125.4	176.9	159.7	266.4	331.3	417.5
福建	83.1	110.3	181.3	214.0	278.3	372.9	581.1	639.6	531.5	718.8	812.0	1153.4
江西	4.3	6.4	15.3	24.4	58.9	82.0	83.0	107.1	102.3	142.4	159.7	238.2
山东	94.6	128.3	248.1	366.2	652.1	849.3	1168.4	1322.2	972.6	1322.3	1312.9	1945.0
河南	7.9	10.8	24.4	31.6	67.6	73.0	220.6	255.9	284.1	290.4	379.7	490.2
湖北	12.9	18.5	33.4	55.0	90.0	114.9	125.7	164.0	133.5	187.1	231.8	295.0
湖南	8.6	10.8	23.4	22.6	41.3	67.0	93.5	108.9	85.5	159.3	228.6	282.4
广东	781.8	1026.3	1655.6	2252.5	2793.0	3317.0	4099.7	4305.0	3567.0	4379.6	3957.7	4464.5
广西	5.4	9.2	18.9	30.7	58.9	81.4	140.2	162.2	247.0	295.1	312.4	430.4
海南	4.8	10.5	23.1	14.7	29.4	63.3	111.9	114.5	92.2	82.5	95.6	192.9
重庆	7.9	7.0	17.7	21.2	38.0	49.4	146.4	320.3	221.0	276.6	336.6	436.4
四川	11.5	17.6	28.9	44.0	89.8	138.5	206.7	253.6	213.4	395.5	496.6	579.5
贵州	2.4	2.5	6.5	5.8	14.7	12.3	16.8	13.7	9.6	24.8	16.8	40.3
云南	6.4	8.0	15.0	28.3	46.1	58.2	110.0	108.2	84.1	170.5	169.9	256.1
西藏	0.2	0.5	0.7	1.1	0.6	0.7	0.7	1.5	3.1	2.9	1.2	0.4
陕西	8.3	8.5	12.5	17.3	29.5	58.9	61.5	134.3	141.1	217.1	267.1	267.7
甘肃	1.5	3.3	7.7	23.2	44.9	57.7	53.3	33.1	27.7	38.0	42.9	67.8
青海	0.5	0.5	1.2	1.2	2.7	3.2	4.3	5.9	1.6	2.6	1.5	2.5
宁夏	1.2	1.1	2.6	4.9	6.2	7.9	5.8	11.3	7.7	10.4	5.3	8.0
新疆	10.6	13.8	25.9	19.6	29.2	41.6	58.2	41.9	20.6	35.9	55.4	55.6

注：鉴于篇幅所限，各省份数据未能全部列出，详细数据参看附录。

资料来源：国家统计局官网，https://www.stats.gov.cn/sj/。

表 3-7 中的数据显示：2000～2022 年我国各个省份的进口贸易规模均呈现出不同程度的增长趋势。同样，以 2000 年的数据为基期，截至 2022 年，我国 23 个省份进口贸易额增长超过了 10 倍。其中，广西壮族自治区 2000 年进口贸易额仅为 5.4 亿美元，2022 年达到 430.4 亿美元，增长了近 78 倍；与此同时河南省、江西省、重庆市 2000 年的进口贸易额分别为 7.9 亿美元、4.3 亿美元、7.9 亿美元，2022 年分别增长至 490.2 亿美元、238.2 亿美元、436.4 亿美元，增长幅度均超过了 50 倍。此外，内蒙古自治区等 8 个省份进口贸易额增长幅度相对较小，西藏自治区仅增长了 1.36 倍。从我国各个省份之间进口贸易情况看，各省份之间进口贸易规模

差距较大，省际之间进口贸易规模非均衡性特征突出。其中，北京市、广东省、上海市、江苏省四省的进口贸易规模在 2000～2022 年始终位列前四位，该四省 2000 年的进口贸易规模分别为 376.5 亿美元、781.8 亿美元、293.6 亿美元、198.7 亿美元，2000～2022 年其进口贸易规模均呈现出明显的上升趋势，截至 2022 年该四省的进口贸易规模分别达到 4580.0 亿美元、4464.5 亿美元、3699.6 亿美元、2949.9 亿美元。与此同时，山东省、浙江省、福建省的进口贸易水平也均位于省际领先水平，该三省进口贸易规模分别于 2011 年、2018 年、2021 年突破 1000 亿美元，截至 2022 年其进口贸易额分别为 1945.0 亿美元、1873.9 亿美元、1153.4 亿美元。相较而言，西藏自治区、青海省、宁夏回族自治区、贵州省进口贸易额处于相对较低的水平，2000 年该四省的进口贸易额分别为 0.2 亿美元、0.5 亿美元、1.2 亿美元、2.4 亿美元，截至 2022 年也仅为 0.4 亿美元、2.5 亿美元、8.0 亿美元、40.3 亿美元。以 2022 年为例，北京进口贸易额是西藏自治区的 11450 倍，是青海省的 1832 倍，由此也反映出我国不同省份之间的进口规模差异较大。

（二）各区域进口贸易规模

与前面相同，根据地理位置划分得到 2000～2022 年我国东部地区、中部地区、西部地区、东北地区四个区域进口贸易情况如表 3-8 所示。

表 3-8　　　　　2000～2022 年我国各区域进口贸易额　　　　　单位：亿美元

年份	东部	中部	西部	东北	年份	东部	中部	西部	东北
2000	2200.5	931.3	60.7	110.2	2012	17520.5	8801.1	915.6	878.7
2001	2377.9	1049.9	73.3	123.2	2013	18724.1	9224.3	1030.0	917.0
2002	2889.0	1311.5	82.5	136.7	2014	18668.3	9500.2	1200.7	974.2
2003	4039.6	2010.0	114.2	183.5	2015	16106.2	8514.4	1023.9	724.8
2004	5493.7	2802.4	160.6	236.8	2016	15149.3	8195.1	1069.2	692.5
2005	6459.8	3266.7	177.9	251.3	2017	17511.2	9782.1	1284.7	825.9
2006	7748.0	3882.6	212.0	294.1	2018	20183.0	11104.9	1551.9	1035.3
2007	9333.4	4762.0	289.1	356.0	2019	19510.8	10773.4	1659.7	961.2
2008	11023.9	5473.5	390.0	452.5	2020	19266.2	11307.3	1801.4	878.6
2009	9766.3	5008.1	387.5	442.8	2021	25147.0	14672.0	2364.1	1099.2
2010	13534.0	6968.3	573.0	592.2	2022	25381.4	14697.2	2337.6	1123.9
2011	16856.5	8685.1	789.4	829.1	—	—	—	—	—

资料来源：国家统计局官网，https://www.stats.gov.cn/sj/。

表3-8中列示了我国东部地区、中部地区、西部地区和东北地区四个区域2000~2022年进口贸易情况。表中数据显示：2000~2022年我国东部地区、中部地区、西部地区和东北地区进口贸易额均呈现出显著的增长趋势，其中2000年四个区域的进口贸易分别为2200.5亿美元、931.3亿美元、60.7亿美元、110.2亿美元，2022年分别增长至25381.4亿美元、14697.2亿美元、2337.6亿美元、1123.9亿美元，分别增长了10.53倍、14.78倍、37.51倍、9.20倍。对比分析我国四个区域之间进口贸易规模可知，我国东部地区、中部地区、西部地区和东北地区进口规模差距明显，从2000~2022年进口贸易额的平均值看，东部地区进口贸易额是中部地区的2倍左右，是西部地区和东北地区的近10倍。其中，2022年东部地区进口贸易额是中部地区的1.73倍，是西部地区的10.86倍，是东北地区的22.58倍。

另外，2000~2022年，我国东部地区、中部地区、西部地区和东北地区进口规模均呈现上升趋势。其中，2014~2016年，东部地区和中部地区进口贸易规模出现小幅下降，随后呈上升趋势；西部地区和东北地区进口规模基数小，但也均呈逐年上升态势。纵观2000~2022年我国四个区域进口贸易额的变动情况，可以发现其进口贸易额的差距也呈逐步拉大的趋势，如图3-4所示。

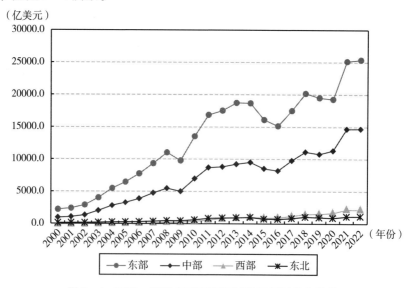

图3-4 2000~2022年我国各区域进口贸易变化趋势

资料来源：国家统计局官网，https://www.stats.gov.cn/sj/。

二、我国各省份、各区域进口贸易依存度分析

进口贸易依存度指标常用于衡量一国或一地区经济对于进口贸易的依赖程度，参照出口贸易依存度的计算方式，式（3－2）为进口依存度（ID）的计算公式，本书以其来衡量我国各省份和各地区经济发展对进口的依赖程度。

$$ID_{it} = IM_{it}/GDP_{it} \qquad (3-2)$$

式（3－2）中，IM_{it} 表示 t 时期 i 省（区域）的进口贸易额，GDP_{it} 表示 t 时期 i 省（区域）的地区生产总值，以该计算公式为基础，本部分对我国各省份、各区域的进口贸易依存度进行测算分析。

（一）各省份进口贸易依存度情况

根据测算式（3－2），经测算可以得到 2000～2022 年我国各省份的进口贸易依存度情况如表 3－9 所示。

表 3－9　　　　2000～2022 年中国各省份进口贸易依存度　　　　单位：%

省份	2000年	2002年	2004年	2006年	2008年	2010年	2012年	2014年	2016年	2018年	2020年	2022年
北京	95.1	73.0	98.0	114.1	125.9	111.4	115.6	94.6	56.6	67.6	51.7	74.0
天津	44.4	48.0	66.9	69.8	51.3	44.2	47.0	46.9	33.8	36.5	30.5	28.3
河北	2.7	3.1	4.6	4.5	7.1	7.3	5.7	5.9	3.8	4.1	5.4	5.3
山西	2.4	2.3	3.2	4.2	4.9	6.0	4.3	3.7	3.7	3.5	3.5	2.5
内蒙古	8.9	6.9	6.7	7.3	5.9	4.5	4.4	4.1	3.5	4.1	4.1	3.9
辽宁	14.5	14.2	19.8	19.1	17.4	18.3	16.3	16.9	14.2	18.5	15.6	15.1
吉林	6.2	7.8	17.1	12.1	12.3	13.1	13.5	12.7	9.1	9.3	8.1	8.2
黑龙江	4.5	6.0	6.2	6.6	6.2	7.5	13.3	10.9	6.4	11.3	8.6	13.3
上海	50.5	58.0	88.4	85.7	73.1	71.1	68.1	62.3	55.7	56.7	54.1	55.7
江苏	19.2	24.8	46.5	46.4	34.6	31.9	25.8	21.0	16.3	18.5	16.6	16.1
浙江	11.3	12.9	19.5	19.9	18.5	18.1	16.1	12.5	9.7	12.7	13.4	16.2
安徽	3.1	3.7	5.3	6.6	6.4	6.1	4.3	4.8	4.0	5.2	6.0	6.2
福建	18.3	20.4	26.3	22.8	17.7	16.8	18.2	15.8	11.9	12.3	12.8	14.6
江西	1.8	2.2	3.7	4.1	5.9	5.9	4.1	4.2	3.7	4.1	4.3	5.0
山东	9.5	10.5	15.4	15.4	16.7	16.9	17.2	16.0	11.0	13.1	12.8	15.0
河南	1.3	1.5	2.4	2.1	2.6	2.2	4.8	4.5	4.7	3.8	4.8	5.4

续表

省份	2000年	2002年	2004年	2006年	2008年	2010年	2012年	2014年	2016年	2018年	2020年	2022年
湖北	3.0	3.6	5.0	5.8	5.4	4.8	3.5	3.6	2.7	2.9	3.7	3.7
湖南	2.0	2.2	3.5	2.4	2.5	2.9	2.8	2.6	1.8	2.9	3.8	3.9
广东	59.9	62.5	73.4	69.2	52.8	48.9	45.4	38.8	28.8	29.0	24.6	23.3
广西	2.2	3.0	4.7	5.5	6.3	6.4	7.8	7.3	10.2	9.9	9.7	11.0
海南	7.6	13.5	23.8	11.4	13.9	21.2	25.3	20.4	15.0	11.1	11.9	19.0
重庆	3.6	2.5	4.8	4.3	4.5	4.1	8.0	13.5	8.1	8.5	9.3	10.1
四川	2.4	3.1	3.8	4.1	4.9	5.4	5.5	5.4	4.3	6.1	7.1	6.9
贵州	1.9	1.7	3.2	2.0	2.9	1.8	1.6	0.9	0.5	1.1	0.7	1.3
云南	2.6	2.8	4.0	5.5	5.3	5.1	6.3	4.7	3.4	5.4	4.8	5.9
西藏	1.2	2.5	2.6	3.0	1.0	0.9	0.6	1.0	1.8	1.3	0.4	0.1
陕西	3.8	3.1	3.3	3.0	2.9	4.1	2.7	4.7	4.9	6.0	7.1	5.5
甘肃	1.2	2.2	3.8	8.4	10.2	9.9	6.2	3.1	2.7	3.1	3.3	4.1
青海	1.5	1.1	2.3	1.6	2.1	1.9	1.8	2.0	0.5	0.6	0.4	0.5
宁夏	3.2	2.5	4.2	5.8	3.8	3.4	1.7	2.8	1.8	2.0	0.9	1.1
新疆	6.4	7.1	9.9	5.3	4.9	5.3	5.0	2.8	1.4	1.9	2.8	2.1

注：鉴于篇幅所限，各省份数据未能全部列出，详细数据参看附录。

资料来源：国家统计局官网，https：//www.stats.gov.cn/sj/。

表3-9中的测算结果显示：2000～2022年我国各省份的进口贸易依存度表现出的特征为，各省份进口贸易依存于2006～2012年整体呈上升趋势，2014～2022年大部分省份的进口贸易依存度呈明显下降趋势。此外，我国省际之间的进口贸易依存度差异性明显，同样也表现出较强的非均衡性特征。具体来看，2022年我国进口贸易依存度居前五位的省份依次是北京市、上海市、天津市、广东省和海南省，2000年该五省的进口贸易依存度分别为95.1%、50.5%、44.4%、59.9%和7.6%，2022年该五省的进口贸易依存度依次为74.0%、55.7%、28.3%、23.3%和19.0%。其中，2005～2008年、2010～2013年北京市进口贸易依存度处于100%以上的水平，由此也表明北京市对进口贸易的依赖程度较高。此外，2000～2022年上海市、天津市、广东省和海南省进口贸易依存度最高水平分别为88.4%、69.8%、73.4%和26.8%。综合来看，2000～2022年，北京市和上海市的进口贸易依存度均在50%以上，天津市基本位于30%以上的水平，江苏省、浙江省、福建省、广东省、山东省、海南省进口贸易依存度

基本位于 10% 以上的水平。相对而言，其他省份的进口贸易依存度水平则相对较低，其中西藏自治区、青海省、宁夏回族自治区、贵州省和新疆维吾尔自治区的进口贸易依存度位于全国最低水平，2000 年该五省的进口贸易依存度分别为 1.2%、1.5%、3.2%、1.9% 和 6.4%，2022 年其进口贸易依存度水平也仅为 0.1%、0.5%、1.1%、1.3% 和 2.1%。

（二）各区域进口贸易依存度情况

2000～2022 年我国东部地区、中部地区、西部地区和东北地区进口贸易依存度的测算结果及其变动趋势如图 3-5 所示。

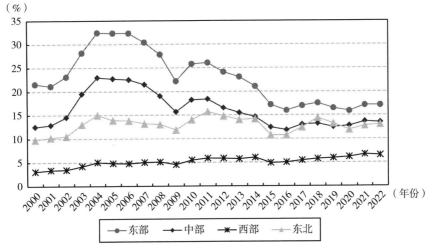

单位：%

区域	2000年	2001年	2002年	2003年	2004年	2005年	2006年	2007年	2008年	2009年	2010年	2011年
东部	21.58	21.14	23.12	28.18	32.44	32.37	32.35	30.38	27.82	22.20	25.83	26.07
中部	12.53	12.89	14.54	19.51	22.98	22.72	22.50	21.50	19.07	15.67	18.25	18.39
西部	3.08	3.40	3.46	4.22	5.03	4.82	4.76	5.02	5.12	4.55	5.50	5.89
东北	9.84	10.22	10.53	13.03	15.01	13.92	13.83	13.22	13.04	11.88	14.01	15.74

区域	2012年	2013年	2014年	2015年	2016年	2017年	2018年	2019年	2020年	2021年	2022年	—
东部	24.13	23.08	21.11	17.23	15.98	17.01	17.56	16.50	15.89	17.13	17.14	—
中部	16.53	15.48	14.62	12.42	11.82	13.00	13.19	12.45	12.75	13.65	13.48	—
西部	5.85	5.74	6.04	4.91	5.03	5.44	5.77	5.93	6.17	6.71	6.53	—
东北	14.77	14.03	14.19	10.77	10.77	12.41	14.39	13.23	11.91	12.76	13.05	—

资料来源：国家统计局官网，https：//www.stats.gov.cn/sj/。

图 3-5　2000～2022 年我国各地区进口贸易依存度

图 3 - 5 中的结果表明：2000～2022 年，我国东部地区、中部地区、西部地区和东北地区进口贸易依存度也存在较为明显的差异，其中东部地区的进口贸易依存度最高，中部地区次之，东北地区居第三位，西部地区最低。2000 年我国东部地区、中部地区、西部地区和东北地区进口贸易依存度分别 21.58%、12.53%、3.08% 和 9.84%，2022 年分别为 17.14%、13.48%、6.53% 和 13.05%。从各区域进口贸易依存度的变动趋势看，东部地区和中部地区进口贸易依存度变动趋势在时间上具有较强的相似性，这两个地区的进口贸易依存度水平均于 2004 年达到峰值，分别为 32.44% 和 22.98%，2004 年以后其进口贸易依存度水平均呈现出明显的下降趋势。此外，2000～2022 年我国西部地区进口贸易依存度的变化呈缓慢的上升趋势，东北地区进口贸易依存度基本稳定在 10%～15% 的平均水平，2012 年以后其与我国中部地区的差距呈逐步缩小的趋势，其中 2012 年东北地区进口贸易依存度为 14.77%，中部地区为 16.53%，二者相差 1.76 个百分点，2017 年相差 0.59 个百分点，2022 年仅相差 0.43 个百分点。

第四节 本章小结

本章从我国对外贸易的发展历程、出口贸易发展特征和进口贸易发展特征三个维度分析我国对外贸易发展的特征事实，得到如下主要结论。

我国对外贸易主要经历了三大发展阶段，分别为：改革开放前的缓慢发展阶段（1949～1978 年）；改革开放后的快速扩张阶段（1978～2001 年）；加入 WTO 后的转型升级型阶段（2001 年至今）。在 1949～1978 年，中国对外贸易规模非常小，主要出口初级产品，进口工业原料和设备；1978～2001 年，中国主要出口劳动密集型产品，进口资本密集型产品。2001 年以后，中国主要出口机电产品和高新技术产品，主要进口以资源能源产品和高端设备。

在此基础上，本章从贸易规模和贸易依存度的视角分析了我国各省份、各区域的对外贸易发展特征。结果表明：第一，2000～2022 年，我国各省份、各区域的出口贸易规模和进口贸易规模均呈现出明显的增长趋势，但是省际之间、区域之间进出口贸易规模存在显著差异，非均衡性特征十分突出。我国东部地区无论是出口贸易规模还是进口贸易规模，均明显高于中西部以及东北地区。第二，我国大部分省份出口贸易依存度呈现先上升后下降的趋势。2000～2008年前后我国绝大多数省份出口贸易依存度呈上升趋势，2008～2022年则呈明显的下降趋势。浙江省、广东省、上海市等省份出口贸易依存度要明显高于其他省份，西藏自治区、宁夏回族自治区、青海省、甘肃省等省份的出口贸易依存度水平明显偏低。从区域层面看，我国东部地区、中部地区、西部地区和东北地区出口贸易依存度存在显著差异，其中东部地区出口贸易依存度最高，中部次之，2000～2018年东北地区出口贸易依存度高于西部地区位居第三位，近几年西部地区出口贸易依存度则高于东北地区。第三，2000～2022年我国各省份的进口贸易依存度基本呈现先上升后下降的趋势，不同省份之间的进口贸易依存度差距明显。北京市、上海市、天津市等省份的进口贸易依存程度较高，西藏自治区、青海省、宁夏回族自治区等省份的进口贸易依存度明显偏低，省际之间的差异性十分明显。从区域层面看，我国东部地区、中部地区、西部地区和东北地区进口贸易依存度存在较为明显的差异，东部地区的进口贸易依存度最高，中部地区次之，东北地区居第三位，西部地区最低。

第四章

我国共同富裕水平的测算分析

共同富裕是我国脱贫攻坚战取得全面胜利后的接续目标，在中国式现代化进程的推进过程中，促进共同富裕目标实现是重中之重。本章基于量化分析视角，从共同富裕的本质内涵出发，结合时代背景和我国各省份的经济发展特征，选取一级指标和二级指标系统构建共同富裕水平测度指标体系，对我国各省份和各区域的共同富裕水平进行测算分析。

第一节　测度指标选取与模型构建

一、测度指标选取

如前所述，本书认为共同富裕是一个至少应该包括经济发展、区域协调发展、社会文化发展、社会公共服务质量提升和生态环境改善五个维度在内的一个相对综合的概念。对此，本章基于共同富裕的内涵和中国各省份的经济发展特征，选取经济发展（E）、区域协调（Q）、社会文化发展（W）、社会公共服务（P）和生态环境（Z）5个一级指标和25个二级指标对中国各省份的共同富裕水平进行测度，指标的选取情况如表 4 - 1 所示。

表 4 – 1			共同富裕水平测度指标的选取情况		
一级指标	二级指标	单位	一级指标	二级指标	单位
经济发展（E）	人均 GDP（E1）	元/人	社会公共服务（P）	卫生医疗机构数（P1）	个
	人均可支配收入水平（E2）	元/人		单位人口拥有卫生技术人员数（P2）	人/千人
	第三产业产值占 GDP 比重（E3）	%		工伤保险参保人数（P3）	万人
	工业增加值（E4）	亿元		城镇在岗职工基本养老保险参保人数（P4）	万人
	城镇单位就业人员平均工资（E5）	元/人		职工基本医疗保险参保人数（P5）	万人
				失业保险参保人数（P6）	万人
区域协调（Q）	城乡居民人均消费性支出（Q1）	农村 = 1		生育保险参保人数（P7）	万人
	城乡居民可支配收入对比（Q2）	农村 = 1		一般公共预算支出（P8）	亿元
	城镇化水平（Q3）	%		直接医疗救助人数（P9）	万人
社会文化发展（W）	单位人口拥有藏书量（W1）	册/人	生态环境（Z）	森林覆盖率（Z1）	%
	公共图书馆机构数（W2）	个		生活垃圾无害化处理能力（Z2）	吨/日
	广播节目综合人口覆盖率（W3）	%		造林总面积（Z3）	公顷
	艺术表演场馆数（W4）	个		电力消耗量（Z4）	亿千瓦时

资料来源：笔者根据相关文献资料整理得到。

从共同富裕水平测度指标的选取情况看，各二级指标的计量单位存在较大的差异，为了消除由于量纲和取值范围不同带来的影响，在具体测算过程中本书将所涉及的各二级指标均进行对数化处理。

二、构建共同富裕水平测度评价模型

（一）主成分特征值提取

本部分通过 DPS 统计软件对 2013～2022 年各个省份共同富裕测算的

各二级指标通过因子分析法提取主成分，其中共同富裕水平测度主成分特征值的提取情况分别如表4-2所示。

表4-2　　　　　　　　　共同富裕水平测度主成分特征值提取

年份	Comp1	Comp2	Comp3	Comp4	Comp5	Comp6	Cumulative*
2013	41.10	31.42	9.25	5.00	3.32	—	90.09
2014	41.04	28.90	9.71	5.04	3.77	2.97	91.43
2015	41.63	28.65	10.92	4.98	3.91	—	90.09
2016	41.89	28.37	10.60	4.94	3.24	2.97	92.01
2017	41.78	28.12	8.32	4.63	5.10	3.86	91.81
2018	40.95	27.21	9.92	5.39	4.91	3.33	91.71
2019	40.72	26.99	8.71	5.53	6.00	3.53	91.48
2020	41.77	27.28	7.01	5.49	5.78	4.52	91.85
2021	41.54	26.49	8.50	5.31	5.37	4.15	91.36
2022	40.59	27.33	7.26	5.09	5.50	5.48	91.25

注：＊表示主成分特征值累积贡献。
资料来源：DPS 统计输出。

表4-2中的结果显示，2013～2022年共同富裕水平主成分特征值均可提取到5个或6个主成分，且各主成分的累积贡献率在各年度均达到90%以上，即已提取到各二级指标的绝大部分信息，具有统计显著性。

（二）共同富裕水平综合评价指标模型

将经过对数化处理后的各二级指标值通过因子分析，降低数据维度可以得到共同富裕水平综合评价指标模型，记作模型（4-1）：

$$comp = a_n \sum_{i=1}^{5} E_i + b_n \sum_{i=1}^{3} Q_i + c_n \sum_{i=1}^{4} W_i + d_n \sum_{i=1}^{9} P_i + e_n \sum_{i=1}^{4} Z_i$$

$$(4-1)$$

模型（4-1）中，a_n、b_n、c_n、d_n、e_n 为每个二级指标对应的系数值。该系数的计算过程为：将各二级指标对应成分矩阵中的成分值乘以该系数对应的贡献率，再除以表4-2中对应的主成分特征值的累积贡献率，最后相加得到。

（三）共同富裕水平测度指标模型

在模型（4-1）的基础上，对各二级指标的系数值进行归一化处理①，即可得到共同富裕水平测度指标模型，记作模型（4-2）：

$$cop = a'_n \sum_{i=1}^{5} E_i + b'_n \sum_{i=1}^{3} Q_i + c'_n \sum_{i=1}^{4} W_i + d'_n \sum_{i=1}^{9} P_i + e'_n \sum_{i=1}^{4} Z_i$$

$$(4-2)$$

模型（4-2）中，a'_n、b'_n、c'_n、d'_n、e'_n为归一化处理后各二级指标的系数值。

第二节 共同富裕水平测算分析

一、我国各省份共同富裕水平测算结果

根据第一节中的测算步骤，将中国各个省份2013~2022年经过对数化处理后的各二级指标代入模型（4-2）中，可得2013~2022年中国30个省份（未包含我国西藏以及香港、澳门和台湾地区数据）的共同富裕水平值如表4-3所示。

表4-3 　　　　　　2013~2022年我国各省份的共同富裕水平

省份	2013 年	2014 年	2015 年	2016 年	2017 年	2018 年	2019 年	2020 年	2021 年	2022 年
北京	7.16	7.12	7.19	7.23	7.26	7.36	7.37	7.44	7.36	7.47
天津	6.46	6.58	6.59	6.62	6.71	6.74	6.79	6.93	6.89	6.94
河北	8.43	6.82	6.91	6.88	6.95	7.10	7.15	7.33	7.30	7.43
山西	7.89	6.59	6.65	6.61	6.67	6.78	6.81	6.96	6.84	7.03
内蒙古	7.52	6.43	6.48	6.47	6.53	6.67	6.68	6.79	6.74	6.88
辽宁	8.17	6.98	7.05	7.03	7.09	7.16	7.16	7.28	7.22	7.32
吉林	7.31	6.42	6.49	6.47	6.51	6.63	6.62	6.75	6.66	6.74
黑龙江	7.68	6.57	6.58	6.58	6.63	6.71	6.71	6.87	6.76	6.88
上海	6.83	7.29	7.21	7.28	7.35	7.45	7.49	7.54	7.53	7.75
江苏	8.71	7.53	7.60	7.62	7.73	7.83	7.87	8.00	8.10	8.21

---

① 归一化处理即为将各系数值除以其对应的所有系数之和。

续表

省份	2013 年	2014 年	2015 年	2016 年	2017 年	2018 年	2019 年	2020 年	2021 年	2022 年
浙江	8.43	7.43	7.55	7.55	7.68	7.79	7.81	7.95	7.95	8.12
安徽	7.95	6.66	6.73	6.75	6.88	7.01	7.05	7.20	7.20	7.39
福建	7.86	6.87	6.91	6.91	7.00	7.13	7.15	7.30	7.26	7.41
江西	7.73	6.50	6.58	6.56	6.66	6.78	6.83	6.99	6.91	7.05
山东	8.73	7.27	7.34	7.35	7.43	7.55	7.61	7.75	7.82	7.92
河南	8.66	6.94	7.02	7.02	7.09	7.22	7.27	7.41	7.37	7.52
湖北	8.14	6.83	6.91	6.89	6.96	7.10	7.13	7.26	7.22	7.37
湖南	8.31	6.77	6.86	6.85	6.92	7.05	7.09	7.23	7.19	7.31
广东	9.06	7.69	7.77	7.77	7.86	8.00	8.04	8.16	8.18	8.27
广西	7.50	6.35	6.46	6.48	6.54	6.68	6.75	6.93	6.86	7.03
海南	5.75	5.79	5.83	5.87	5.93	6.07	6.08	6.20	6.21	6.31
重庆	7.47	6.50	6.58	6.60	6.70	6.86	6.89	7.04	7.01	7.14
四川	8.48	6.94	7.01	6.99	7.09	7.26	7.31	7.49	7.48	7.61
贵州	7.34	6.11	6.20	6.23	6.32	6.52	6.62	6.77	6.75	6.83
云南	7.67	6.31	6.40	6.40	6.50	6.62	6.69	6.84	6.80	6.93
陕西	7.86	6.56	6.63	6.61	6.71	6.86	6.91	7.03	6.99	7.06
甘肃	7.05	6.01	6.05	6.06	6.13	6.28	6.34	6.46	6.43	6.53
青海	5.78	5.44	5.44	5.45	5.47	5.58	5.66	5.79	5.73	5.85
宁夏	5.72	5.61	5.64	5.66	5.69	5.84	5.89	5.99	5.94	6.04
新疆	7.28	6.39	6.40	6.37	6.47	6.59	6.68	6.77	6.71	6.87
全国平均*	7.63	6.64	6.70	6.71	6.78	6.91	6.95	7.08	7.05	7.17

注：*为各省份各年度共同富裕水平的算数平均值。

资料来源：笔者测算得出。

从表 4 - 3 中的测算结果看：（1）我国各个省份之间共同富裕水平的差异较大，非均衡性特征突出。对比 2013～2022 年我国各省份共同富裕水平，广东省、江苏省、浙江省、山东省的共同富裕水平较高，其中 2013 年该四省共同富裕水平分别为 9.06、8.71、8.43 和 8.73，2022 年该四省共同富裕水平依次为 8.27、8.21、8.12 和 7.92；相比之下，青海省、宁夏回族自治区、甘肃省、贵州省等西部地区的共同富裕水平较低，其 2013 年的共同富裕水平依次为 5.78、5.72、7.05、7.34，截至 2022 年其共同富裕水平也依旧处于相对较低的水平，分别为 5.85、6.04、6.53、6.83。由此也反映出我国共同富裕水平相对较高的省份多为东部地区，如广东省、江苏省、浙江省；而共同富裕水平较低的省份多集中于西部地区，如青海省、贵州省、宁夏回族自治区等。（2）与全国平均水平对比，广东省、江苏省、浙江省等14个省份的共同富裕水平高于全国平均水平，青海省、宁夏回族自治区等16个省份的共同富裕水平低于全国平均水平。

在此基础上，进一步将2013～2022年我国各省份共同富裕水平求取平均值，得到各个省份共同富裕的平均水平如图4-1所示。

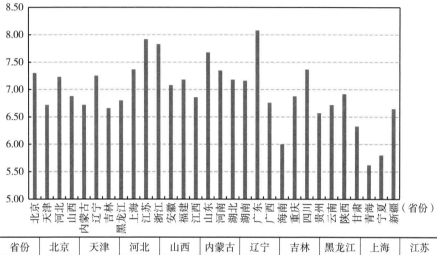

省份	北京	天津	河北	山西	内蒙古	辽宁	吉林	黑龙江	上海	江苏
均值	7.30	6.72	7.23	6.88	6.72	7.25	6.66	6.80	7.37	7.92

省份	浙江	安徽	福建	江西	山东	河南	湖北	湖南	广东	广西
均值	7.83	7.08	7.18	6.86	7.68	7.35	7.18	7.16	8.08	6.76

省份	海南	重庆	四川	贵州	云南	陕西	甘肃	青海	宁夏	新疆
均值	6.00	6.88	7.37	6.57	6.72	6.92	6.33	5.62	5.80	6.65

资料来源：根据笔者测算结果绘制。

图 4 - 1　2013～2022 年我国各省份共同富裕水平均值

表4-4显示，2013～2022年我国各省份共同富裕水平存在较大差异，其中广东省的共同富裕水平最高为8.08，其次为江苏省（7.92），浙江省以7.83的水平位居第三；青海省、宁夏回族自治区和海南省分别以5.62、5.80和6.00的水平位于中国省际共同富裕水平排名后三位。广东省共同富裕水平是青海省的1.44倍、宁夏回族自治区1.39倍、海南省的1.35倍。

二、我国各省份共同富裕水平排名情况

根据表4-3中我国各省份共同富裕水平的测算结果，对各年度各省份

共同富裕水平进行排名，得到 2013～2022 年我国各省份共同富裕水平排名情况如表 4 - 4 所示。

表 4 - 4　　　　　　2013～2022 年我国各省份共同富裕水平排名

排名	2013 年	2014 年	2015 年	2016 年	2017 年	2018 年	2019 年	2020 年	2021 年	2022 年
1	广东	广东	广东	广东	广东	广东	广东	广东	广东	广东
2	山东	江苏	江苏	江苏	江苏	江苏	江苏	江苏	江苏	江苏
3	江苏	浙江	浙江	浙江	浙江	浙江	浙江	浙江	浙江	浙江
4	河南	上海	山东	山东	山东	山东	山东	山东	山东	山东
5	四川	山东	上海	上海	上海	上海	上海	上海	上海	上海
6	浙江	北京	北京	北京	北京	北京	北京	四川	四川	四川
7	河北	辽宁	辽宁	辽宁	辽宁	四川	四川	北京	河南	河南
8	湖南	河南	河南	河南	河南	河南	河南	河南	北京	北京
9	辽宁	四川	四川	四川	四川	辽宁	辽宁	河北	河北	河北
10	湖北	福建	福建	福建	福建	福建	福建	福建	福建	福建
11	安徽	湖北	湖北	湖北	湖北	湖北	河北	辽宁	辽宁	安徽
12	山西	河北	河北	河北	河北	河北	湖北	湖北	湖北	湖北
13	福建	湖南	湖南	湖南	湖南	湖南	湖南	湖南	安徽	辽宁
14	陕西	安徽	安徽	安徽	安徽	安徽	安徽	安徽	湖南	湖南
15	江西	山西	山西	天津	天津	陕西	陕西	重庆	重庆	重庆
16	黑龙江	天津	陕西	山西	陕西	重庆	重庆	陕西	陕西	陕西
17	云南	黑龙江	天津	陕西	重庆	山西	江西	江西	江西	江西
18	内蒙古	陕西	黑龙江	重庆	山西	江西	山西	山西	天津	山西
19	广西	江西	江西	黑龙江	江西	天津	天津	天津	广西	广西
20	重庆	重庆	重庆	江西	黑龙江	黑龙江	广西	广西	山西	天津
21	贵州	内蒙古	吉林	广西	广西	广西	黑龙江	黑龙江	云南	云南
22	吉林	吉林	内蒙古	吉林	内蒙古	内蒙古	云南	云南	黑龙江	内蒙古
23	新疆	新疆	广西	内蒙古	吉林	吉林	内蒙古	内蒙古	贵州	黑龙江
24	北京	广西	新疆	云南	云南	云南	新疆	新疆	内蒙古	新疆
25	甘肃	云南	云南	新疆	新疆	新疆	吉林	贵州	新疆	贵州
26	上海	贵州	贵州	贵州	贵州	贵州	贵州	吉林	吉林	吉林
27	天津	甘肃	甘肃	甘肃	甘肃	甘肃	甘肃	甘肃	甘肃	甘肃
28	青海	海南	海南	海南	海南	海南	海南	海南	海南	海南
29	海南	宁夏	宁夏	宁夏	宁夏	宁夏	宁夏	宁夏	宁夏	宁夏
30	宁夏	青海	青海	青海	青海	青海	青海	青海	青海	青海

资料来源：笔者测算得出。

从表4-4中的结果看，2013～2022年广东省的共同富裕水平始终位列我国省级层面第一，2013年山东省共同富裕水平位居第二，2014年江苏省共同富裕水平超过山东省位居中国省级层面第二，且在2014～2022年中始终位居第二。此外，浙江省、山东省和上海市的共同富裕水平排名也均处于比较靠前的位置，其中浙江省的共同富裕水平在2014～2022年均位列省级层面第三，2015～2022年山东省的共同富裕水平均位于第四，同期上海市始终位于第五；与此同时，青海省、宁夏回族自治区、海南省、甘肃省的共同富裕水平排名处于相对靠后的位置，其中2014～2022年青海省共同富裕水平排名位列省级层面第三十，同期宁夏位列第二十九、海南省位列第二十八。综合来看，2013～2022年中国各省份共同富裕水平排名相对比较稳定，变动幅度不大。

第三节　进一步分析

为了更加准确地分析我国各省份的共同富裕水平，本部分进一步从区域视角，根据地理位置将本书涉及的30个省份划分为东部地区、中部地区、西部地区和东北地区，将2013～2022年我国各个省份共同富裕水平求取算数平均值，得到我国各个区域的共同富裕水平状况。

一、我国东部地区共同富裕水平分析

2013～2022年我国东部地区及各省份的共同富裕水平情况如表4-5所示。表中数据显示，在我国东部地区，共同富裕水平最高的省份为广东省，其次为江苏省，浙江省位居第三位，其中2013年三省的共同富裕水平分别为9.06、8.71和8.43，2022年三省的共同富裕水平依次为8.27、8.21和8.12；在我国东部地区中，海南省和天津市的共同富裕水平相对较低，其中2013年两省份的共同富裕水平分别为5.75和6.46，2022年其共同富裕水平依次是6.31和6.94。

表 4-5　　　　　2013～2022 年我国东部地区及各省份共同富裕水平

区域/省份	2013 年	2014 年	2015 年	2016 年	2017 年	2018 年	2019 年	2020 年	2021 年	2022 年
东部	7.74	7.04	7.09	7.11	7.19	7.30	7.34	7.46	7.46	7.58
广东	9.06	7.69	7.77	7.77	7.86	8.00	8.04	8.16	8.18	8.27
江苏	8.71	7.53	7.60	7.62	7.73	7.83	7.87	8.00	8.10	8.21
浙江	8.43	7.43	7.55	7.55	7.68	7.79	7.81	7.95	7.95	8.12
山东	8.73	7.27	7.34	7.35	7.43	7.55	7.61	7.75	7.82	7.92
天津	6.46	6.58	6.59	6.62	6.71	6.74	6.79	6.93	6.89	6.94
上海	6.83	7.29	7.21	7.28	7.35	7.45	7.49	7.54	7.53	7.75
福建	7.86	6.87	6.91	6.91	7.00	7.13	7.15	7.30	7.26	7.41
北京	7.16	7.12	7.19	7.23	7.26	7.36	7.37	7.44	7.36	7.47
河北	8.43	6.82	6.91	6.88	6.95	7.10	7.15	7.33	7.30	7.43
海南	5.75	5.79	5.83	5.87	5.93	6.07	6.08	6.20	6.21	6.31

资料来源：笔者测算得出。

从表 4-5 结果显示，我国东部各省份之间共同富裕水平存在一定差距，但是差距呈逐步缩小的趋势，其中 2013 年广东省的共同富裕水平是海南省的 1.58 倍，2022 年降至 1.31 倍。

二、我国中部地区共同富裕水平分析

2013～2022 年我国中部地区及各省份共同富裕水平如表 4-6 所示。表中数据显示，在我国中部地区中河南省的共同富裕水平最高，其 2013 年共同富裕水平为 8.66，2022 年为 7.52；此外，2013～2022 年，湖北省和安徽省的共同富裕水平差距较小，其中 2013 年两省的共同富裕水平分别为 8.14 和 7.95，二者相差 0.19，截至 2022 年湖北省的共同富裕水平为 7.37，安徽省为 7.39，仅相差 0.02。相较而言，内蒙古自治区的共同富裕水平在我国中部地区中最低，2013 年为 7.52，2015 年为 6.48，2017 年为 6.53，2021 年和 2022 年分别为 6.74 和 6.88。

表 4-6　　　　　2013~2022 年我国中部地区及各省份共同富裕水平

区域	2013 年	2014 年	2015 年	2016 年	2017 年	2018 年	2019 年	2020 年	2021 年	2022 年
中部	8.03	6.67	6.75	6.74	6.82	6.94	6.98	7.12	7.07	7.22
湖南	8.31	6.77	6.86	6.85	6.92	7.05	7.09	7.23	7.19	7.31
湖北	8.14	6.83	6.91	6.89	6.96	7.10	7.13	7.26	7.22	7.37
河南	8.66	6.94	7.02	7.02	7.09	7.22	7.27	7.41	7.37	7.52
山西	7.89	6.59	6.65	6.61	6.67	6.78	6.81	6.96	6.84	7.03
内蒙古	7.52	6.43	6.48	6.47	6.53	6.67	6.68	6.79	6.74	6.88
江西	7.73	6.50	6.58	6.56	6.66	6.78	6.83	6.99	6.91	7.05
安徽	7.95	6.66	6.73	6.75	6.88	7.01	7.05	7.20	7.20	7.39

资料来源：笔者测算得出。

从表 4-6 结果显示，各省份之间共同富裕水平的差距较小，2013 年中部地区共同富裕水平最高省份（河南省）和最低省份（内蒙古自治区）差距为 1.14，2022 年仅差 0.64。由此也反映出我国中部地区各省份之间共同富裕水平相对比较均衡。

三、我国西部地区共同富裕水平分析

2013~2022 年我国西部地区及各省份的共同富裕水平状况如表 4-7 所示。表中的数据显示，在我国西部地区 10 个省份中，四川省的共同富裕水平最高，其次为重庆市，2013 年其共同富裕水平分别为 8.48 和 7.47，2022 年分别为 7.61 和 7.14。相较而言，在西部地区中共同富裕水平最低的省份为青海省，其 2013 年的共同富裕水平为 5.78，2022 年为 5.85。

表 4-7　　　　　2013~2022 年我国西部地区及各省份共同富裕水平

省份	2013 年	2014 年	2015 年	2016 年	2017 年	2018 年	2019 年	2020 年	2021 年	2022 年
西部	7.22	6.22	6.28	6.29	6.36	6.51	6.57	6.71	6.67	6.79
四川	8.48	6.94	7.01	6.99	7.09	7.26	7.31	7.49	7.48	7.61
陕西	7.86	6.56	6.63	6.61	6.71	6.86	6.91	7.03	6.99	7.06
重庆	7.47	6.50	6.58	6.60	6.70	6.86	6.89	7.04	7.01	7.14
广西	7.50	6.35	6.46	6.48	6.54	6.68	6.75	6.93	6.86	7.03

续表

省份	2013 年	2014 年	2015 年	2016 年	2017 年	2018 年	2019 年	2020 年	2021 年	2022 年
云南	7.67	6.31	6.40	6.40	6.50	6.62	6.69	6.84	6.80	6.93
新疆	7.28	6.39	6.40	6.37	6.47	6.59	6.68	6.77	6.71	6.87
贵州	7.34	6.11	6.20	6.23	6.32	6.52	6.62	6.77	6.75	6.83
甘肃	7.05	6.01	6.05	6.06	6.13	6.28	6.34	6.46	6.43	6.53
宁夏	5.72	5.61	5.64	5.66	5.69	5.84	5.89	5.99	5.94	6.04
青海	5.78	5.44	5.44	5.45	5.47	5.58	5.66	5.79	5.73	5.85

资料来源：笔者测算得出。

从表 4-7 结果来看，贵州省的共同富裕水平与西部地区平均水平比较接近，四川省、陕西省、重庆市、广西壮族自治区、云南省和新疆维吾尔自治区的共同富裕水平在 2013～2022 年基本高于西部地区平均水平；而甘肃省、宁夏回族自治区和青海省三省 2013～2022 年的共同富裕水平全部位于平均水平之下。

四、我国东北地区共同富裕水平分析

表 4-8 中列示了 2013～2022 年我国东北地区及东北地区三省的共同富裕水平状况。表中的数据显示，我国东北三省中共同富裕水平最高的为辽宁省，黑龙江省次之，吉林省最低，该三省 2013 年的共同富裕水平依次为 8.17、7.68 和 7.31，截至 2022 年三省的共同富裕水平分别为 7.32、6.88 和 6.74。

表 4-8   2013～2022 年我国东北地区及各省份共同富裕水平

省份	2013 年	2014 年	2015 年	2016 年	2017 年	2018 年	2019 年	2020 年	2021 年	2022 年
东北	7.72	6.66	6.71	6.69	6.74	6.83	6.83	6.97	6.88	6.98
辽宁	8.17	6.98	7.05	7.03	7.09	7.16	7.16	7.28	7.22	7.32
黑龙江	7.68	6.57	6.58	6.58	6.63	6.71	6.71	6.87	6.76	6.88
吉林	7.31	6.42	6.49	6.47	6.51	6.63	6.62	6.75	6.66	6.74

资料来源：笔者测算得出。

整体看，在东北地区三省中，黑龙江省和吉林省的共同富裕水平差距较小，2013 年相差 0.37，2020 年相差 0.12，2022 年仅相差 0.14。

五、各区域共同富裕水平对比分析

根据表 4-5、表 4-6、表 4-7 和表 4-8 中的结果，可得 2013~2022 年我国东部地区、中部地区、西部地区和东北地区共同富裕水平的对比情况如图 4-2 所示。结果显示，我国东部地区、中部地区、西部地区和东北地区的共同富裕水平存在显著的差异性，东部地区的共同富裕水平最高，中部地区次之，东北地区居第三，西部地区最低。从 2013~2022 年我国各区域共同富裕水平的变动趋势看，2013~2014 年 4 个区域的共同富裕水平均有明显的下降趋势，2013 年东部地区、中部地区、西部地区和东北地区的共同富裕水平分别为 7.74、8.03、7.22 和 7.72，2014~2022 年 4 个区域的共同富裕水平均呈逐年上升的趋势，2014 年东部地区、中部地区、西部地区和东北地区的共同富裕水平依次为 7.04、6.67、6.22 和 6.66，2022 年分别增至 7.58、7.22、6.79 和 6.98。

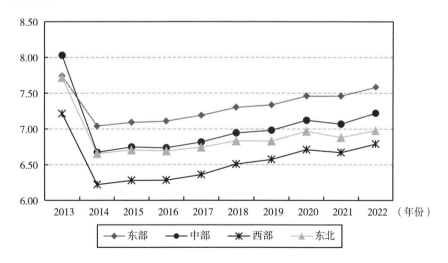

图 4-2 2013~2022 年我国各区域共同富裕水平变动趋势
资料来源：笔者测算得出。

整体来看，我国东部地区、中部地区、西部地区和东北地区的共同富裕水平非均衡性特征明显，东部地区共同富裕水平明显处于领先地位。

第四节 本章小结

本章通过 DPS 计量经济软件，从共同富裕的本质内涵出发，结合我国国情和各省份的经济发展特征，选取了经济发展、区域协调、社会文化发展、社会公共服务和生态环境 5 个一级指标和 25 个二级指标系统构建了共同富裕水平测度指标体系，对我国 30 个省份和东部地区、中部地区、西部地区和东北地区 4 个区域的共同富裕水平进行了测度与评价，并依据共同富裕水平的测度结果对各省份的共同富裕水平进行了排名。本章得到如下主要结论：（1）从省际层面看，2013~2022 年我国各省份之间共同富裕水平差异性显著，非均衡性特征突出；（2）我国各省份共同富裕水平的排名顺序相对比较稳定；（3）从区域层面看，我国各区域共同富裕水平存在显著差异，东部地区的共同富裕水平最高，中部地区次之，东北地区排名第三位，西部地区最低。

第五章

贸易对我国共同富裕影响的
案例分析

本章根据第四章我国各省份共同富裕水平的测算结果，从案例分析的
视角出发，选择山东省、江苏省、广东省和浙江省四个共同富裕水平较高
的代表性省份作为代表性案例，分析了出口贸易对山东省和江苏省的共同
富裕影响，以及进口贸易对广东省和浙江省共同富裕水平的影响，从出口
贸易和进口贸易的视角探究贸易对我国共同富裕的影响。

第一节 出口贸易对我国共同富裕影响的案例分析

一、山东省的案例分析

山东省是我国北方第一大经济省，中经网统计数据资料显示，2000～
2023 年，山东省地区生产总值呈逐年增长趋势（见表 5 - 1）。其中 2000
年山东省地区生产总值仅为 8278 亿元，截至 2023 年已增长至 92069 亿元，
增长了 10.12 倍。从山东省地区生产总值占我国 GDP 的比重看，2000～
2023 年，山东省地区生产总值占我国 GDP 的比重基本稳定在 7.0%～9% 的
区间范围内，其中 2000 年占比为 8.25%，2006 年达到最高水平 8.64%，
近两年稳定在 7.2% 左右的平均水平，2022 年为 7.27%。

表 5 - 1 　　　　　2000～2023 年山东省地区生产总值及占比情况

年份	山东省（百亿元）	全国（百亿元）	占比（%）	年份	山东省（百亿元）	全国（百亿元）	占比（%）
2000	82.78	1002.80	8.25	2012	429.57	5385.80	7.98
2001	90.76	1108.63	8.19	2013	473.44	5929.63	7.98
2002	100.77	1217.17	8.28	2014	507.75	6435.63	7.89
2003	109.03	1374.22	7.93	2015	552.89	6888.58	8.03
2004	133.08	1618.40	8.22	2016	587.62	7463.95	7.87
2005	159.48	1873.19	8.51	2017	630.12	8320.36	7.57
2006	189.68	2194.38	8.64	2018	666.49	9192.81	7.25
2007	227.18	2700.92	8.41	2019	705.40	9865.15	7.15
2008	271.06	3192.45	8.49	2020	727.98	10135.67	7.18
2009	295.41	3485.18	8.48	2021	828.75	11492.37	7.21
2010	339.22	4121.19	8.23	2022	875.77	12047.24	7.27
2011	390.65	4879.40	8.01	2023	920.69	12605.82	7.30

资料来源：中经网统计数据库。

更进一步，从人均 GDP 指标看，山东省也处于较高的水平（见表 5 - 2）。其中，2000 年山东省人均 GDP 为 0.93 万元/人，2000～2022 年呈快速增长趋势，2022 年达到 8.60 万元/人，增长了 8.25 倍。对比分析山东省人均 GDP 与全国人均 GDP 水平可知，2000～2022 年山东省人均 GDP 水平始终高于全国平均水平，其中 2000 年二者的差距为 0.14 万元/人，2008 年相差 0.48 万元/人，2022 年相差 0.03 万元/人。

表 5 - 2 　　　　　　　2000～2023 年山东省人均 GDP 　　　　　单位：万元/人

年份	山东省	全国	年份	山东省	全国
2000	0.93	0.79	2012	4.43	3.98
2001	1.01	0.87	2013	4.87	4.35
2002	1.11	0.95	2014	5.19	4.69
2003	1.20	1.07	2015	5.62	4.99
2004	1.45	1.25	2016	5.92	5.38
2005	1.73	1.44	2017	6.30	5.96
2006	2.04	1.67	2018	6.63	6.55
2007	2.43	2.05	2019	6.99	7.01
2008	2.89	2.41	2020	7.18	7.18
2009	3.13	2.62	2021	8.15	8.14
2010	3.56	3.08	2022	8.60	8.57
2011	4.06	3.63	2023	—	8.94

资料来源：中经网统计数据库。

综合表 5 - 1 和表 5 - 2 中的结果可知，山东省无论是经济总量还是人均 GDP 水平均处于相对较高的水平。经济总量和人均 GDP 水平作为衡量共同富裕水平的关键指标，是实现共同富裕的前提条件。而山东省共同富裕水平较高的原因很大程度取决于该省较大的经济规模和较高的人均 GDP 水平。

具体来看，山东省共同富裕水平高的另一个主要原因在于该省出口贸易发达。从地理位置看，山东省位于我国东部沿海，拥有青岛港、烟台港、日照港、龙口港、威海港、潍坊港、滨州港 7 个大型港口，此外还有 20 多处中小型港口和码头。《2023 年山东省国民经济和社会发展统计公报》显示，2023 年山东省沿海港口货物吞吐量达到 19.7 亿吨，增长 4.4%，集装箱吞吐量 4175 万标准箱，增长 11.0%，集装箱航线 343 条。相关资料显示，沿海港口货物吞吐量位于全国领先水平，并且集装箱吞吐量已处于全球领先位置。与此同时，山东省东联日本和韩国、西通欧亚，是东北亚国际航运的重要枢纽，具备开展出口贸易的先天区位优势。此外，山东省拥有两大国家级都市圈（济南都市圈和青岛都市圈），也是全国首个交通强国省域示范区，高铁运营里程全国第一。2019 年 8 月，国务院印发《关于 6 个新设自由贸易试验区总体方案的通知》（以下简称《总体方案》），中国（山东）自由贸易试验区正式设立，并出台 35 项山东特色创新举措，其中 15 项与出口贸易发展相关，如表 5 - 3 所示。五年来，山东省以自由贸易试验区为抓手，积极服务我国对外开放战略，推动出口贸易高质量发展。

表 5 - 3　　《总体方案》中有关山东省特色的创新举措（部分）

创新举措	具体措施
推动贸易转型升级	创新出口货物专利纠纷担保放行方式
	探索取消自贸试验区海关特殊监管区域内企业从事贸易经济与代理的经营许可或改为备案，法律法规另有规定的除外
	对符合国家环保要求允许进口的高附加值数控机床、工程设备、电子设备、通信设备等旧机电设备的进口、加工后再出口，海关给予通关便利
	支持在自贸试验区符合条件的片区设立综合保税区
	在风险可控、依法依规前提下，积极开展飞机零部件循环再制造
	对海关特殊监管区域外有条件企业开展高附加值、高技术含量、符合环保要求的"两头在外"检测、维修和再制造业态实行保税监管

续表

创新举措	具体措施
高质量发展海洋经济	建设东北亚水产品加工及贸易中心
	发挥东亚海洋合作平台作用，区内区外联动，深化开放合作
	发挥港口功能优势，建立以"一单制"为核心的多式联运服务体系，完善山东省中欧班列运营平台，构建东联日韩、西接欧亚大陆的东西互联互通大通道
	加强自贸试验区与海港、空港联动，推动海陆空邮协同发展
深化中日韩区域经济合作	深化优势互补，探索共同开拓第三方市场
	高标准建设中韩（烟台）产业园，创新"两国双园"合作模式
	加强中日、中韩海关间"经认证的经营者（AEO）"互认合作，构建信息交换、监管互认、执法互助以及检验检疫、标准计量等方面高效顺畅的合作机制
	与日本、韩国合作确定鲜活农副产品目录清单，加快开通快速通关绿色通道
	创新自由贸易协定缔约方之间班轮卫生检疫"电讯申报、无疫通行"监管模式

资料来源：笔者由中国（山东）自由贸易试验区网站（http：//commerce. shandong. gov. cn/ftz/html/1//150/151/index. html）资料整理得到。

具体到山东省出口情况看，1978 年改革开放以来，山东省出口贸易规模呈现出逐年增长趋势（见图 5-1）。整体看，1978~2023 年山东省出口贸易的变动趋势可以划分为两个阶段：第一阶段为 1978~2000 年，该时期山东省出口贸易规模增长速度相对较慢。其中，1978 年山东省出口贸易额为 8.30 亿美元；1994 年突破 50 亿美元，达到 58.65 亿美元；1997 年突破

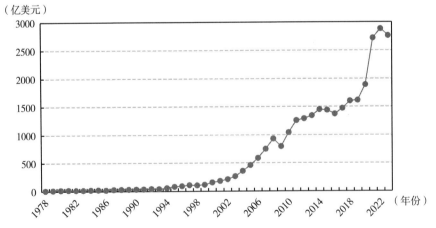

（亿美元）

图 5-1　1978~2023 年山东省出口贸易规模

资料来源：中经网统计数据库。

100 亿美元；2000 年该省出口贸易规模为 155.29 亿美元。第二阶段为 2001 年至今，该时期山东省出口贸易呈快速增长趋势，其中 2001 年山东省出口贸易额为 181.21 亿美元，2006 年首次突破 500 亿美元，2010 年达到 1042.26 亿美元，2021 年达到 2718.4 亿美元。近几年，山东省出口贸易规模一直位于 2500 亿美元以上，2022 年和 2023 年分别为 2883.60 亿美元和 2761.84 亿美元。

显然，在具体实践过程中，出口贸易对山东省共同富裕水平产生了积极影响。随着山东省出口贸易规模不断扩大，该省的对外开放程度同步提升。山东省以出口贸易为抓手，实现资源在更大空间范围内的优化配置，不断促进本省产业结构优化升级。此外，山东省出口贸易的发展还会促进出口企业不断借鉴学习国外先进技术和管理经验，提升自主创新能力，进而增强出口竞争力，最终实现出口贸易与共同富裕水平提升的良性互动。

二、江苏省的案例分析

国家统计局提供的数据资料显示（见表 5-4），2000~2022 年江苏省全体居民、城镇居民、农村居民的人均可支配收入均呈逐年增长的趋势，其中 2000 年三者分别为 0.49 万元、0.68 万元、0.36 万元，截至 2022 年江苏省全体居民、城镇居民、农村居民的人均可支配收入分别增至 4.99 万元、6.02 万元、2.85 万元，分别增长了 9.18 倍、7.85 倍、6.92 倍。对比分析江苏省与全国人均可支配收入水平可知，2000~2022 年，江苏省全体居民、城镇居民、农村居民的人均可支配收入均高于全国平均水平，其中 2000 年江苏省全体居民人均可支配收入为 0.49 万元，高于全国平均水平（0.37 万元）；同年江苏省城镇居民和农村居民人均可支配收入也均高于全国城镇居民人均可支配收入水平（0.63 万元）和农村居民人均可支配收入平均水平（0.23 万元）；与 2022 年全国全体居民人均可支配收入水平（3.69 万元）、城镇居民人均可支配收入水平（4.93 万元）和农村居民人均可支配收入水平（2.01 万元）对比，江苏省仍然高于全国平均水平。

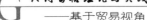
表 5 – 4　　　　　　　　江苏省与全国人均可支配收入水平对比　　　　　单位：万元

年份	江苏省			全国		
	全体居民	城镇居民	农村居民	全体居民	城镇居民	农村居民
2000	0.49	0.68	0.36	0.37	0.63	0.23
2001	—	0.73	0.38	0.41	0.68	0.24
2002	—	0.81	0.40	0.45	0.77	0.25
2003	—	0.91	0.42	0.50	0.84	0.27
2004	—	1.03	0.47	0.57	0.93	0.30
2005	0.87	1.21	0.53	0.64	1.04	0.34
2006	0.99	1.38	0.58	0.72	1.16	0.37
2007	1.16	1.60	0.65	0.86	1.36	0.43
2008	1.32	1.82	0.73	1.00	1.55	0.50
2009	1.47	2.00	0.80	1.10	1.69	0.54
2010	1.70	2.23	0.91	1.25	1.88	0.63
2011	1.98	2.56	1.07	1.46	2.14	0.74
2012	2.24	2.88	1.21	1.65	2.41	0.84
2013	2.48	3.16	1.35	1.83	2.65	0.94
2014	2.72	3.43	1.50	2.02	2.88	1.05
2015	2.95	3.72	1.63	2.20	3.12	1.14
2016	3.21	4.02	1.76	2.38	3.36	1.24
2017	3.50	4.36	1.92	2.60	3.64	1.34
2018	3.81	4.72	2.08	2.82	3.93	1.46
2019	4.14	5.11	2.27	3.07	4.24	1.60
2020	4.34	5.31	2.42	3.22	4.38	1.71
2021	4.75	5.77	2.68	3.51	4.74	1.89
2022	4.99	6.02	2.85	3.69	4.93	2.01
2023	—	—	—	3.92	5.18	2.17

注：表中"—"表示数据资料缺失。

资料来源：国家统计局官网，https：//www.stats.gov.cn/。

　　分别求取江苏省和全国城镇居民人均可支配收入和农村居民人均可支配收入的比值，可得 2000～2023 年江苏省和全国城乡居民收入差距变化情况（见图 5 – 2）。

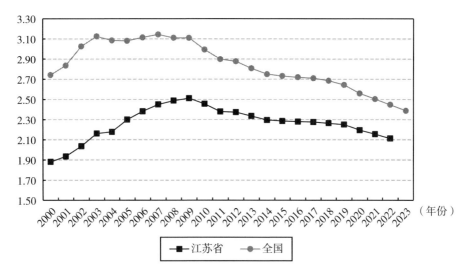

图 5 - 2   江苏省与全国城镇居民、农村居民人均可支配收入比值

资料来源：笔者计算得到。

图 5 - 2 显示，2000 ~ 2023 年江苏省与全国城镇居民与农村居民人均可支配收入比值变动趋势基本保持一致，均呈先上升后下降的趋势。具体来看，2000 ~ 2009 年江苏省城镇居民与农村居民人均可支配收入比值呈现出明显的上升趋势，2000 年该比值为 1.88，2009 年则达到 2.51，2009 年后该省城镇居民与农村居民人均可支配收入比值呈下降趋势，2022 年降至 2.11。而从全国平均水平看，2000 ~ 2003 年我国城镇居民与农村居民人均可支配收入比值呈上升趋势，其中 2000 年为 2.74，2003 年达到 3.12，2003 ~ 2009 年我国城镇居民与农村居民人均可支配收入比值基本稳定在 3.10 左右的平均水平，2010 年后该比值呈下降趋势，2023 年降至 2.39。对比江苏省与我国城镇居民、农村居民人均可支配收入比值可知，江苏省一直低于全国平均水平，由此也反映出江苏省城乡居民收入差距相对较小。相关资料也表明，江苏省是全国城乡居民差距最小、区域发展均衡性最好的省份之一，有条件率先建成"百姓富"的现代化。

从本质上看，江苏省较高的共同富裕水平在很大程度上得益于该省较高的经济发展水平，而其经济发展水平较高的主要原因之一在于江苏省出口贸易发展较快。从出口贸易规模看（见表 5 - 5），1978~2023 年江苏省出口贸易规模一直呈逐年增长的趋势，其中 1978 年江苏省出口贸易额仅为 4.18 亿美元，分别于 1996 年、2005 年、2021 年突破 100 亿美元、1000 亿美元和 5000 亿美元，分别为 115.99 亿美元、1229.67 亿美元和 5034.60 亿美元，2022 年达到历史最高水平 5193.20 亿美元。纵观江苏省出口贸易发展趋势可以发现，2001 年中国加入 WTO 后江苏省出口贸易规模呈迅猛增长趋势，增长速度明显快于 2001 年之前。

表 5 - 5　　　　　　　1978~2023 年江苏省出口贸易规模　　　　　单位：亿美元

年份	出口	年份	出口	年份	出口	年份	出口
1978	4.18	1990	29.44	2002	384.65	2014	3418.33
1979	6.19	1991	34.25	2003	591.13	2015	3386.45
1980	8.54	1992	40.02	2004	874.94	2016	3190.53
1981	10.97	1993	46.51	2005	1229.67	2017	3630.26
1982	11.95	1994	66.85	2006	1604.10	2018	4039.75
1983	13.72	1995	97.89	2007	2036.10	2019	3948.28
1984	14.87	1996	115.99	2008	2380.29	2020	3961.27
1985	15.86	1997	140.96	2009	1991.99	2021	5034.60
1986	18.70	1998	156.20	2010	2705.39	2022	5193.20
1987	21.17	1999	183.06	2011	3125.90	2023	4794.37
1988	24.17	2000	257.67	2012	3285.24	—	—
1989	25.36	2001	288.74	2013	3288.02	—	—

资料来源：中经网统计数据库。

与此同时，从我国省域层面看，江苏省出口贸易规模一直处于全国领先水平。以 2023 年数据为例，该年度江苏省出口贸易规模为 4794.37 亿美元，在全国省域层面位列第三位，仅次于广东省（7731.05 亿美元）和浙江省（5073.01 亿美元），如表 5 - 6 所示。

表 5 – 6 　　　　　2023 年我国各省份出口贸易规模及排名情况　　　　单位：亿美元

省份	出口	排名	省份	出口	排名	省份	出口	排名
广东	7731.05	1	湖北	615.95	12	内蒙古	111.49	23
浙江	5073.01	2	湖南	572.19	13	黑龙江	107.93	24
江苏	4794.37	3	江西	561.02	14	海南	105.66	25
山东	2761.84	4	天津	516.8	15	吉林	88.94	26
上海	2471.24	5	广西	515.87	16	贵州	73.91	27
福建	1672.6	6	辽宁	502.8	17	宁夏	21.37	28
四川	858.08	7	河北	498.08	18	甘肃	17.65	29
北京	852.73	8	新疆	428.95	19	西藏	13.77	30
河南	750.11	9	陕西	374.46	20	青海	4.19	31
安徽	743.48	10	山西	149	21	—	—	—
重庆	680.23	11	云南	131.48	22	—	—	—

资料来源：中经网统计数据库。

　　与此同时，江苏省的出口商品涉及机械设备、电子产品、纺织品等多个领域，其中机械设备和电子产品占据较大比例，为江苏省出口产品的主要类别。江苏省位于长江经济带和长三角的核心位置，靠近我国金融中心上海市，南面是我国民营经济发达的经济强省——浙江省，北面是北方第一经济大省——山东省，独特的地理位置优势为江苏省出口贸易发展提供了良好的环境和条件。此外，江苏省拥有多个先进的制造业集群和工业园区，拥有众多科研机构和高校，具有独特的人才资源优势，加上较为完善的工业体系和产业链，为江苏省出口贸易发展奠定了坚实基础。基于上述分析，可以判定江苏省出口贸易与共同富裕水平之间存在较强的因果关系，即出口贸易对共同富裕具有一定影响。

第二节　进口贸易对我国共同富裕影响的案例分析

一、广东省的案例分析

　　从地理位置上看，广东省是我国的南大门，位于南海航运枢纽位置。

1978 年改革开放后，广东省率先成为我国对外开放的前沿阵地，加之广东省独特的区位优势，使得该省成为引进西方经济、文化、科技的重要窗口。根据中经网统计数据显示（见表 5－7），1978～2023 年广东省地区生产总值呈逐年增长趋势，其中 1978 年为 0.02 万亿元，2000 年首次突破 1 万亿元，2011 年突破 5 万亿元达到 5.31 万亿元，2019 年达到 10.80 万亿元，2023 年为 13.57 万亿元。长期以来，广东省地区生产总值始终以绝对优势位居全国第一，是我国名副其实的第一经济大省。从 1978～2023 年广东省地区生产总值占 GDP 的比重看，其变动趋势可以划分为两个阶段：第一个阶段为 1978～2000 年，该时期广东省地区生产总值占 GDP 的比重呈逐年上升趋势，由 1978 年的 5.05% 逐年上升至 2000 年的 10.78%；第二个阶段为 2001～2023 年，该时期广东省地区生产总值占 GDP 的比重基本稳定在 10%～12% 的区间范围内，其中 2001 年为 10.94%，2006 年达到历史最高水平 11.83%。近年来，广东省地区生产总值占国内生产总值的比重一直稳定在 10%～11% 的区间范围内，2020 年为 10.97%、2021 年为 10.85%、2022 年为 10.75%、2023 年为 10.76%。

表 5－7　　　　1978～2023 年广东省地区生产总值及占比情况　　单位：万亿元

年份	地区生产总值	GDP	占比（%）	年份	地区生产总值	GDP	占比（%）
1978	0.02	0.37	5.05	1992	0.24	2.72	9.00
1979	0.02	0.41	5.11	1993	0.35	3.57	9.73
1980	0.02	0.46	5.44	1994	0.46	4.86	9.50
1981	0.03	0.49	5.88	1995	0.59	6.13	9.68
1982	0.03	0.54	6.33	1996	0.68	7.18	9.54
1983	0.04	0.60	6.12	1997	0.78	7.97	9.78
1984	0.05	0.73	6.30	1998	0.86	8.52	10.04
1985	0.06	0.91	6.35	1999	0.93	9.06	10.26
1986	0.07	1.04	6.43	2000	1.08	10.03	10.78
1987	0.08	1.22	6.95	2001	1.21	11.09	10.94
1988	0.12	1.52	7.61	2002	1.36	12.17	11.17
1989	0.14	1.72	8.04	2003	1.60	13.74	11.63
1990	0.16	1.89	8.26	2004	1.87	16.18	11.53
1991	0.19	2.20	8.60	2005	2.20	18.73	11.72

续表

年份	地区生产总值	GDP	占比（%）	年份	地区生产总值	GDP	占比（%）
2006	2.60	21.94	11.83	2015	7.47	68.89	10.85
2007	3.17	27.01	11.75	2016	8.22	74.64	11.01
2008	3.67	31.92	11.50	2017	9.16	83.20	11.01
2009	3.95	34.85	11.32	2018	9.99	91.93	10.87
2010	4.59	41.21	11.15	2019	10.80	98.65	10.95
2011	5.31	48.79	10.88	2020	11.12	101.36	10.97
2012	5.70	53.86	10.58	2021	12.47	114.92	10.85
2013	6.25	59.30	10.54	2022	12.95	120.47	10.75
2014	6.82	64.36	10.59	2023	13.57	126.06	10.76

资料来源：中经网统计数据库。

毫无疑问，广东省在经济领域取得骄人成绩的主要原因在于对外开放，在改革开放战略的影响下，广东省凭借自身的地理位置优势积极融入经济全球化的浪潮，通过进口贸易引进国际先进的技术、经验、管理理念，实现其在进口贸易领域的跨越式发展，助力经济腾飞。中经网统计数据显示，1978～2023 年，广东省进口贸易规模基本呈逐年增长趋势，如图 5 - 3 所示。截至 2023 年，广东省进口贸易规模已经达到 4071.56 亿美元。

（亿美元）

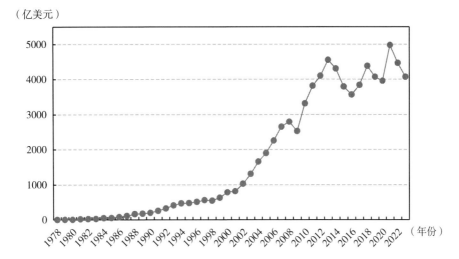

图 5 - 3 1978～2023 年广东省进口贸易变动趋势
资料来源：中经网统计数据库。

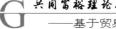
2023 年 11 月 3 日，北京师范大学经济与工商管理学院、中国教育与社会发展研究院联合发布的《2023 中国进口发展报告》显示（见表 5-8），2022 年广东省进口发展指数排名位列第三位，低于北京市和上海市。相较于 2021 年进口发展指数，广东省的位次提升一位，该指数也充分表明广东省进口贸易实力雄厚，具有较强的发展潜力。

表 5-8　　　　　　　　　2022 年中国各省市进口发展指数

省份	2022 年得分	2021 年得分	2022 年排名	2021 年排名	排名变化 （2021~2022 年）
北京市	595.97	544.68	1	2	1
上海市	567.78	573.23	2	1	-1
广东省	423.11	388.97	3	4	1
浙江省	420.62	404.32	4	3	-1
天津市	389.56	382.16	5	5	0
江苏省	383.48	357.57	6	7	1
福建省	376.73	376.69	7	6	-1
海南省	352.31	339.91	8	8	0
山东省	350.49	339.23	9	9	0
湖南省	343.62	287.06	10	11	1

资料来源：《2023 中国进口发展报告》。

在具体实践过程中，广东省通过进口贸易，促进全省经济高质量发展，为实现共同富裕目标提供有力支撑。海关总署广东分署会同省内海关出台了《广东省内海关支持广东优化营商环境　推动全省外贸稳规模优结构 20 条措施》，聚焦提升进口通关效率、支持广东扩大进口、帮助企业减负增效、服务广东外贸创新发展、促进广东跨境贸易便利化等方面，进一步释放政策红利，提振企业信心。具体表现为：广东海关全面推广真空包装等高新技术货物布控查验模式，对符合条件的进口矿产品和原油实施"先放后检"；为提升进口通关效率，海关在省内有条件的海运、航空、铁路口岸更好实施"直装直提"试点，扩大"组合港""一港通"等区域物流一体化便利措施覆盖范围。

从进口角度来看，广东省属于全国贸易进口规模前沿阵地，高水平进口模式有助于发挥进口在推动产业结构升级、保障资源能源供应安全、促进贸易平衡、引导国内消费等方面的作用，进而对促进共同富裕产生积极影响。基于此，可以将广东省共同富裕水平较高的原因归结于该省具有较大的进口贸易规模，即进口贸易对提高广东省共同富裕水平产生积极作用。

二、浙江省的案例分析

2021年5月，中共中央、国务院发布《关于支持浙江高质量发展建设共同富裕示范区的意见》，浙江省各级政府迅速行动，推动工作落实，构建了共同富裕的目标体系、工作体系、政策体系和评价体系，高质量发展建设共同富裕示范区稳健起步、扎实开局，共同富裕的基础进一步夯实。结合本书前述共同富裕水平的测算结果，浙江省共同富裕水平2014～2022年在我国省际排名中一直位列第三位。在测算共同富裕的过程中，收入水平、消费水平是度量共同富裕水平的重要指标。表5-9和表5-10中分别列示了2000～2023年浙江省与我国人均可支配收入水平对比和人均消费水平对比情况。

表5-9　　　　浙江省与全国人均可支配收入水平对比　　　　单位：万元

年份	浙江省人均可支配收入			全国人均可支配收入		
	全体居民	城镇居民	农村居民	全体居民	城镇居民	农村居民
2000	0.67	0.92	0.43	0.37	0.63	0.23
2001	—	1.04	0.47	0.41	0.68	0.24
2002	—	1.16	0.51	0.45	0.77	0.25
2003	—	1.31	0.56	0.50	0.84	0.27
2004	—	1.44	0.62	0.57	0.93	0.30
2005	1.21	1.61	0.70	0.64	1.04	0.34
2006	1.36	1.80	0.78	0.72	1.16	0.37
2007	1.54	2.03	0.88	0.86	1.36	0.43
2008	1.71	2.23	0.99	1.00	1.55	0.50
2009	1.85	2.41	1.08	1.10	1.69	0.54
2010	2.12	2.68	1.23	1.25	1.88	0.63
2011	2.42	3.03	1.42	1.46	2.14	0.74

续表

年份	浙江省人均可支配收入			全国人均可支配收入		
	全体居民	城镇居民	农村居民	全体居民	城镇居民	农村居民
2012	2.70	3.38	1.58	1.65	2.41	0.84
2013	2.98	3.71	1.75	1.83	2.65	0.94
2014	3.27	4.04	1.94	2.02	2.88	1.05
2015	3.55	4.37	2.11	2.20	3.12	1.14
2016	3.85	4.72	2.29	2.38	3.36	1.24
2017	4.20	5.13	2.50	2.60	3.64	1.34
2018	4.58	5.56	2.73	2.82	3.93	1.46
2019	4.99	6.02	2.99	3.07	4.24	1.60
2020	5.24	6.27	3.19	3.22	4.38	1.71
2021	5.75	6.85	3.52	3.51	4.74	1.89
2022	6.03	7.13	3.76	3.69	4.93	2.01
2023	—	—	—	3.92	5.18	2.17

注："—"表示数据资料缺失。

资料来源：国家统计局官网，http：//www.stats.gov.cn/。

从表5-9中数据可知：（1）从全体居民人均可支配收入情况看，2000~2022年浙江省该指标呈逐年增长的趋势，其中2000年浙江省全体居民人均可支配收入仅为0.67万元，2022年则达到6.03万元；同期我国全体居民的人均可支配收入从0.37万元增长至3.69万元，其中2000年浙江省是全国平均水平的1.81倍，2022年是全国平均水平的1.63倍，显然浙江省全体居民人均可支配收入水平显著高于全国平均水平。（2）从城镇居民人均可支配收入指标看，2000~2022年，浙江省城镇居民人均可支配收入水平也呈现出明显的上升趋势，其中2000年浙江省该指标为0.92万元，2017年突破5万元达到5.13万元，2022年浙江省城镇居民人均可支配收入水平达到7.13万元；同期，我国城镇居民人均可支配收入水平从2000年的0.63万元增至2022年的4.93万元，该时期浙江省城镇居民人均可支配收入水平一直显著高于全国平均水平。（3）从农村居民人均可支配收入水平变动情况看，2000~2022年浙江省该指标也均呈现出较快的增长趋势，其中2000年浙江省农村居民人均可支配收入为0.43万元，截至2022年浙江省该指标增至3.76万元；同期从全国平均水平看，2000年全国农村居民人均可支配收入为 0.23 万元,2022 年增至 2.01 万元。基于上述对比分析可以发现,无论是从全体居民人均可支配收入水平看,还是从城镇居民人均可支配收入、农村居民人均可支配收入看,浙江省的人均可支配收入水平一直显著高于全国平均水平。相关数据资料和文献资料也表明,浙江省是我国唯一一个所有社区居民收入水平均超过全国平均水平的省份。

表 5－10 浙江省与全国人均消费水平对比 单位：万元

年份	浙江省人均消费水平			全国人均消费水平		
	全体居民	城镇居民	农村居民	全体居民	城镇居民	农村居民
2000	0.52	0.72	0.33	0.29	0.50	0.17
2001	—	0.82	0.36	0.31	0.53	0.18
2002	—	0.90	0.38	0.35	0.61	0.19
2003	—	1.01	0.45	0.39	0.66	0.20
2004	—	1.11	0.49	0.44	0.73	0.23
2005	0.97	1.29	0.57	0.50	0.81	0.27
2006	1.08	1.41	0.64	0.56	0.89	0.31
2007	1.17	1.50	0.73	0.66	1.02	0.35
2008	1.28	1.63	0.81	0.75	1.15	0.41
2009	1.39	1.80	0.84	0.84	1.26	0.45
2010	1.56	1.94	0.97	0.94	1.38	0.49
2011	1.79	2.22	1.08	1.08	1.56	0.59
2012	1.89	2.34	1.16	1.21	1.71	0.67
2013	2.06	2.53	1.28	1.32	1.85	0.75
2014	2.26	2.72	1.45	1.45	2.00	0.84
2015	2.41	2.87	1.61	1.57	2.14	0.92
2016	2.55	3.01	1.74	1.71	2.31	1.01
2017	2.71	3.19	1.81	1.83	2.44	1.10
2018	2.95	3.46	1.97	1.99	2.61	1.21
2019	3.20	3.75	2.14	2.16	2.81	1.33
2020	3.13	3.62	2.16	2.12	2.70	1.37
2021	3.67	4.22	2.54	2.41	3.03	1.59
2022	3.90	4.45	2.75	2.45	3.04	1.66
2023	—	—	—	2.68	3.30	1.82

注："—"表示数据资料缺失。
资料来源：国家统计局官网，http://www.stats.gov.cn/。

表5-10中的数据资料显示：（1）2000~2022年，浙江省居民人均消费水平呈逐年增长趋势，其中2000年仅为0.52万元，2006年突破1万元，2022年达到3.90万元。同期，我国居民人均消费水平从2000年的0.29万元增至2022年的2.45万元。对比分析可知，浙江省居民人均消费水平明显高于全国平均水平。（2）从城镇居民消费水平指标看，2000年浙江省和全国城镇居民消费水平分别为0.72万元和0.50万元，浙江省该指标值是全国平均水平的1.44倍；2022年二者分别增至4.45万元和3.04万元，浙江省城镇居民消费水平仍明显高于全国平均水平，是其1.46倍。（3）农村居民人均消费水平指标显示，浙江省农村居民人均消费水平从2000年的0.33万元逐年增至2022年的2.75万元，同期我国农村居民人均消费水平从0.17万元增至1.66万元。基于上述分析可知，从全体居民人均消费水平、城镇居民人均消费水平、农村居民人均消费水平三个指标看，浙江省的水平均显著高于全国平均水平。根据国际经济学理论，居民的消费水平高通常可以反映出该地区的福利水平相应较高。

　　高水平对外开放是导致浙江省居民收入处于较高水平的一个主要原因。浙江省拥有温州、台州、宁波、嘉兴等东部沿海城市，具有优越的地理位置，义乌国际商贸城更是素有"世界小商品之都"之称，方便浙江省开展国际经贸合作。相关数据资料显示，义乌已与233个国家和地区有贸易往来，每年前来采购的境外客商超56万人次，拥有各类外资主体8000多家。2003年，时任浙江省委书记习近平作出了"发挥八个方面的优势""推进八个方面的举措"的决策部署（以下简称"八八战略"），明确指出"进一步发挥浙江的区位优势，主动接轨上海、积极参与长江三角洲地区合作与交流，不断提高对内对外开放水平"[1]。长期以来，浙江省一直忠实践行"八八战略"，成为我国高水平对外开放的代表性省份。

　　从进口贸易的变化情况看，改革开放战略实施以来，浙江省进口贸易规模呈增长趋势（见表5-11）。其中，1978年浙江省的进口额仅为0.18亿美元，1989年突破5亿美元达到6.42亿美元，1992年达到14.28亿美

　　① "八八战略"在浙江的生动实践 [EB/OL]. （2014-12-26）[2024-02-10]. http：//politics. people. com. cn/n/2014/1226/c1001-26281737. html.

元，1999 年进口额达到 54.34 亿美元。自中国加入 WTO 后，浙江省的进口贸易规模呈迅猛增长态势，2001 年为 98.22 亿美元，2008 年突破 500 亿美元，2018 年突破 1000 亿美元，近几年浙江省进口贸易额依旧呈较快增长趋势，其中 2021 年为 1748.30 亿美元，2022 年和 2023 年分别为 1873.90 亿美元和 1894.79 亿美元。

表 5 – 11　　　　　1978 ~ 2023 年浙江省进口贸易规模　　　　单位：亿美元

年份	进口	年份	进口	年份	进口	年份	进口
1978	0.18	1990	5.85	2002	125.45	2014	817.13
1979	0.17	1991	9.44	2003	198.16	2015	704.52
1980	0.18	1992	14.28	2004	270.66	2016	687.12
1981	0.33	1993	24.10	2005	305.87	2017	911.14
1982	0.31	1994	29.02	2006	382.51	2018	1113.21
1983	0.26	1995	38.17	2007	485.83	2019	1126.20
1984	0.55	1996	44.89	2008	568.37	2020	1254.33
1985	1.86	1997	41.57	2009	547.18	2021	1748.30
1986	2.02	1998	39.88	2010	730.70	2022	1873.90
1987	2.66	1999	54.34	2011	930.28	2023	1894.79
1988	4.96	2000	83.90	2012	878.84	—	—
1989	6.42	2001	98.22	2013	870.42	—	—

资料来源：中经网统计数据库。

此外，浙江省商务厅提供的数据资料显示，该省进口商品结构持续优化，高新技术产品进口比重稳步提升（见表 5 – 12）。（1）2023 年前三季度浙江省机电产品进口 1388.0 亿元，同比增长 26.7%，占全省进口总值的 14.1%；高新技术产品进口 871.2 亿元，同比增长 24.2%，占全省进口总值 8.9%；大宗商品进口 6051.0 亿元，占全省进口总值 61.6%。（2）浙江省原油、金属矿及矿砂、未锻轧铜及铜材三种商品进口额较大，2023 年前三季度该三类产品的进口额分别为 1373.2 亿元、1142.2 亿元、814.3 亿元，其占浙江省进口额的比重分别为 14.0%、11.6% 和 8.3%。

表 5 – 12　　　　　　　　2023 年 9 月浙江省进口主要商品统计

项目名称	当月			本年累计			
	金额（亿元）	同比增长（%）	同比（%）	金额（亿元）	同比增长（%）	同比（%）	比重（%）
所有商品	1250.2	157.1	14.4	9816.2	622.6	6.8	100.0
机电产品	186.1	11.2	6.4	1388.0	26.7	2.0	14.1
纺织服装	15.9	4.3	37.2	107.9	3.4	3.3	1.1
高新技术产品	110.0	9.9	9.9	871.2	24.2	2.9	8.9
八大类轻工产品	8.1	– 0.5	– 6.0	72.5	0.1	0.1	0.7
农副产品	118.5	6.7	6.0	980.2	114.4	13.2	10.0
农产品	101.8	8.4	9.0	820.8	132.7	19.3	8.4
大宗商品进口	760.7	120.2	18.8	6051.0	600.2	11.0	61.6
原油	184.7	67.3	57.4	1373.2	145.8	11.9	14.0
金属矿及矿砂	148.2	32.8	28.5	1142.2	149.3	15.0	11.6
未锻轧铜及铜材	96.9	11.5	13.5	814.3	175.6	27.5	8.3
基础有机化学品	73.1	– 3.5	– 4.6	524.5	– 145.3	– 21.7	5.3
初级形状的塑料	53.2	– 10.3	– 16.2	427.6	– 34.6	– 7.5	4.4
成品油	49.2	10.4	26.9	312.7	40.5	14.9	3.2
电子元件	37.1	2.1	6.1	278.1	– 47.2	– 14.5	2.8
煤及褐煤	35.5	7.0	24.4	264.5	86.8	48.8	2.7
纸浆、纸及其制品	23.2	0.8	3.4	211.8	44.7	26.7	2.2
半导体制造设备	22.1	7.1	47.5	170.1	80.6	90.1	1.7

资料来源：浙江省商务厅网站。

　　浙江省的实践经验充分表明，浙江省共同富裕水平高的原因得益于浙江省高水平的对外开放程度，在中国式现代化的实践过程中浙江省也在逐步实现从"外贸大省""开放大省"到"开放强省"的转变。在推动共同富裕目标实现的过程中，浙江省成功培育了 9 个省级进口贸易促进创新示范区和 80 个省级重点进口平台。在进口示范区和重点进口平台高质量发展项目中，聚焦进口设施建设、进口领域数字化改革、进口渠道优化、进口服务拓展等领域，以项目化手段激励和支持进口示范区与重点进口平台高质量发展。基于浙江省的经验，有理由认为浙江省的共同富裕水平与进口之间存在较强的相关关系。

第三节 本章小结

在新发展格局下，促进我国全体人民实现共同富裕是中国式现代化建设推进过程中的重要着力点。共同富裕作为我国脱贫攻坚战取得全面胜利后的接续目标，更需要在高水平对外开放中实现。本章选取山东省、江苏省、广东省和浙江省四个代表性省份，分别从出口贸易和进口贸易的视角分析了贸易对共同富裕的影响。

从出口贸易的视角看，山东省和江苏省的出口贸易规模在我国省级层面一直处于较高水平。在具体实践过程中，山东省和江苏省凭借地理位置优势，不断促进对外贸易发展，并以出口贸易为抓手，实现资源在更大空间范围内的优化配置，促进出口企业借鉴学习国外先进技术和管理经验，实现出口贸易与共同富裕水平提升的良性互动。

从进口贸易的视角看，广东省和浙江省都属于我国进口贸易的前沿阵地，高水平进口模式有助于发挥进口在推动产业结构升级、保障资源能源供应安全、促进贸易平衡、引导国内消费等方面的作用，进而对促进共同富裕产生积极影响。在此基础上，本章将广东省和浙江省共同富裕水平较高的原因归结于其具有较大的进口贸易规模和较完善的进口结构。

第六章

贸易对我国共同富裕水平
影响的计量分析

本章从实证研究视角出发，首先通过灰色理论构建出口贸易、进口贸易与共同富裕水平的灰色关联分析模型，从省域和区域维度分析贸易与共同富裕水平的相关性。在此基础上，通过构建出口贸易、进口贸易对共同富裕水平影响的计量经济模型，识别贸易对我国共同富裕水平的影响效果。在具体分析出口贸易、进口贸易对共同富裕水平影响的过程中，均从整体视角和异质性视角两个维度展开。为保证实证研究结论的准确性，本章进一步考虑反向因果关系和异常值的影响，通过稳健性检验保证实证研究结果的科学性与可信性。

第一节　贸易与共同富裕水平的相关性分析

一、研究方法

本节重点探讨出口贸易、进口贸易与共同富裕的相关性，从既有的研究成果看，灰色关联分析方法具有简单、可操作性强的优点（罗党和刘思峰，2005），且其对样本数量和样本分布规律均无特殊要求（周金凯和戴臻，2017），故经常被用于分析两个变量之间的相似或相异程度。

基于此考量，本部分通过灰色关联分析方法判别对出口贸易、进口贸易与共同富裕之间是否存在联系，以及联系的紧密程度。

二、模型构建

出口贸易（EX）与进口贸易（IM）为我国各省份出口贸易额和进口贸易额，数据来自国家统计局，共同富裕水平（COP）为第四章测算所得到的结果。

本部分依据如下步骤构建出口贸易、进口贸易与共同富裕的灰色关联分析模型。

第一步，设定自变量序列与因变量序列，其中影响系统行为的变量为自变量序列，表征系统特征的变量为因变量序列。本部分设定出口贸易（EX）和进口贸易（IM）为自变量序列，各个省份的共同富裕水平（COP）为因变量序列。

第二步，将自变量序列与因变量序列进行无量纲化处理，即：$EX_i^{(t)'} = EX_i^{(t)} / \overline{EX_i^{(t)}}$，$IM_i^{(t)'} = IM_i^{(t)} / \overline{IM_i^{(t)}}$，$COP_i^{(t)'} = COP_i^{(t)} / \overline{COP_i^{(t)}}$；其中 t 表示时间，i 表示本书涉及的我国 30 个省份（不包含西藏以及香港、澳门、台湾地区数据）。$EX_i^{(t)'}$、$IM_i^{(t)'}$ 和 $COP_i^{(t)'}$ 为经过无量纲化处理后的序列；$\overline{EX_i^{(t)}}$、$\overline{IM_i^{(t)}}$、$\overline{COP_i^{(t)}}$ 分别为各个省份 i 在 2013～2022 年时期出口贸易、进口贸易、共同富裕水平序列的算术平均值。

第三步，分别计算差序列、最小值和最大值，其中对出口贸易与共同富裕的差序列为：$\Delta_{i2}^{(t)} = \left[EX_i^{(t)'} - COP_i^{(t)'} \right]$，进口贸易与共同富裕的差序列为：$\Delta_{i2}^{(t)} = \left[IM_i^{(t)'} - COP_i^{(t)'} \right]$，最大值 $\Delta_i^{(t)'}$ 为上述两个差序列取值最大时的值，设定最小值为 0。

第四步，计算关联系数 $L_{i1}^{(t)} = (\Delta\min + \lambda\Delta\max) / (\Delta + \lambda\Delta\max)$，表示在 t 时各省份出口贸易与共同富裕水平的关联系数，$L_{i2}^{(t)} = (\Delta\min + \lambda\Delta\max) / (\Delta + \lambda\Delta\max)$ 表示在 t 时各省份进口贸易与共同富裕水平的关联系数，其中式中 λ 为分辨系数，参照国内外学者的做法常取 $\lambda = 0.5$。

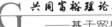
第五步，计算关联度 $R_{i1} = \frac{1}{10}\sum_{t=2013}^{2022} L_{i1}^{(t)}$ 和 $R_{i2} = \frac{1}{10}\sum_{t=2013}^{2022} L_{i2}^{(t)}$，其中 R_{i1} 表示各省份 i 对出口贸易与共同富裕水平的关联度，R_{i2} 表示各省份 i 进口贸易共同富裕水平的关联度。

在灰色关联分析中，用关联度次序和关联度大小来判别因变量序列与自变量序列的关联程度。关联度次序用来反映序列之间的紧密关系，关联度越大说明关系越紧密。

根据灰色理论，当关联度位于 0.3 以上的水平时即可说明自变量序列与因变量序列存在较强的相关关系。本部分运用 DPS 计量经济软件测算各省份出口贸易、进口贸易与共同富裕水平的灰色关联度，依此来分析其相关性。

三、出口贸易与共同富裕水平的相关性分析

根据上述测算步骤，可得我国各省份出口贸易与共同富裕水平的灰色关联度的测算结果如表 6 – 1 所示。

表 6 – 1　　　　各省份出口贸易与共同富裕水平的灰色关联度

省份	关联度	省份	关联度
北京	0.4773	河南	0.5062
天津	0.5117	湖北	0.5560
河北	0.5423	湖南	0.4458
山西	0.5739	广东	0.5187
内蒙古	0.5651	广西	0.4855
辽宁	0.4845	海南	0.7035
吉林	0.4955	重庆	0.4726
黑龙江	0.5548	四川	0.4664
上海	0.4645	贵州	0.4997
江苏	0.5240	云南	0.4616
浙江	0.5378	陕西	0.4762
安徽	0.5241	甘肃	0.3787
福建	0.5464	青海	0.4303
江西	0.5740	宁夏	0.5815
山东	0.5100	新疆	0.5824

资料来源：DPS 统计输出。

表6-1中的数据显示，我国各省份出口贸易与共同富裕水平的灰色关联度位于0.3787~0.7035的区间范围内，其中海南省最高为0.7035，甘肃省最低为0.3787。综合来看，出口贸易与共同富裕水平的灰色关联度位居前五的省份依次是海南（0.7035）、新疆（0.5824）、宁夏（0.5815）、江西（0.5740）和山西（0.5739）；关联度最低的五个省份分别为甘肃（0.3787）、青海（0.4303）、湖南（0.4458）、云南（0.4616）和上海（0.4645）。

更进一步，将我国各省份出口贸易与共同富裕水平的灰色关联度以0.1为组距进行划分，得到各省份出口贸易与共同富裕水平的灰色关联度分布情况如表6-2所示。

表6-2　　　　　　各省份出口贸易与共同富裕水平灰色关联度的分布情况

组距	省份（个）	占比（%）
0.7~0.8	1	3.33
0.6~0.7	—	—
0.5~0.6	16	53.33
0.4~0.5	12	40.00
0.3~0.4	1	3.33

资料来源：DPS统计输出后经笔者整理得到。

表6-2中的结果表明，我国绝大多数省份出口贸易与共同富裕水平的灰色关联度位于0.5~0.6的区间范围内，占比为53.33%。灰色关联度位于0.7~0.8、0.4~0.5、0.3~0.4范围内的省份数分别为1个、12个和1个，占比分别为3.33%、40.00%和3.33%。

整体来看，我国各省份出口贸易与共同富裕水平的灰色关联度均位于0.4以上的水平。由此也表明从省级层面看，我国各省份出口贸易与共同富裕水平之间存在较强的相关性。

四、进口贸易与共同富裕水平的相关性分析

根据上述测算方法，经测算可得我国各省份进口贸易与共同富裕水平的灰色关联度情况如表6-3所示。

表6-3　　　　　　各省份进口贸易与共同富裕水平的灰色关联度

省份	关联度	省份	关联度
北京	0.4637	河南	0.4916
天津	0.4600	湖北	0.4451
河北	0.4901	湖南	0.4284
山西	0.5706	广东	0.4714
内蒙古	0.4740	广西	0.5400
辽宁	0.4850	海南	0.5139
吉林	0.5391	重庆	0.4548
黑龙江	0.4981	四川	0.3881
上海	0.5270	贵州	0.5049
江苏	0.4953	云南	0.4224
浙江	0.5168	陕西	0.4380
安徽	0.4654	甘肃	0.4849
福建	0.5173	青海	0.5361
江西	0.5136	宁夏	0.4066
山东	0.5602	新疆	0.4008

资料来源：DPS统计输出。

从表6-3的测算结果看，我国各省份进口贸易与共同富裕水平的灰色关联度在0.3881~0.5706的区间范围内。其中，山西省进口贸易与共同富裕水平的灰色关联度最高为0.5706，四川省最低为0.3881。整体来看，我国各省份中，进口贸易与共同富裕水平的灰色关联度位居前五位的省份分别为山西（0.5706）、山东（0.5602）、广西（0.5400）、吉林（0.5391）和青海（0.5361）；关联度最低的五个省份分别为四川（0.3881）、新疆（0.4008）、宁夏（0.4066）、云南（0.4224）和湖南（0.4284）。

在此基础上，本部分将我国各省份进口贸易与共同富裕水平的灰色关联度以0.1为组距进行划分，得到各省份进口贸易与共同富裕水平灰色关联度的分布情况如表6-4所示。

表 6 - 4   各省份进口贸易与共同富裕水平灰色关联度的分布情况

组距	省份（个）	占比（%）
0.5 ~ 0.6	11	36.67
0.4 ~ 0.5	18	60.00
0.3 ~ 0.4	1	3.33

资料来源：DPS 统计输出后经笔者整理得到。

表 6 - 4 中的数据显示，在本书选取的 30 个省份中，11 个省份进口贸易与共同富裕水平的灰色关联度位于 0.5 ~ 0.6 的区间范围内，18 个省份位于 0.4 ~ 0.5 的区间范围内，占比分别为 36.67% 和 60.00%，1 个省份进口贸易与共同富裕水平的灰色关联度位于 0.3 ~ 0.4 的区间范围内。

综合来看，我国绝大多数省份对进口贸易与共同富裕水平的灰色关联度均位于 0.4 以上的水平，占比为 96.67%，即从省级层面看，我国各省份进口贸易与共同富裕水平之间存在较强的相关性。

五、区域层面相关性的进一步分析

为了进一步明细出口贸易、进口贸易与共同富裕之间的相关关系，本部分进一步从区域视角出发，测算得到我国东部地区、中部地区和西部地区出口贸易、进口贸易与共同富裕之间的灰色关联度情况如表 6 - 5 所示。

表 6 - 5   各区域出口贸易、进口贸易与共同富裕的灰色关联度

出口贸易与共同富裕		进口贸易与共同富裕	
区域	关联度	区域	关联度
东部	0.5490	东部	0.5329
中部	0.5646	中部	0.5118
西部	0.5474	西部	0.4561

资料来源：DPS 统计输出。

从表 6 - 5 中的测算结果看：（1）我国中部地区出口贸易与共同富裕水平的灰色关联度最高为 0.5646，其次为东部地区（0.5490），西部地区最低为 0.5474；（2）我国各区域进口贸易与共同富裕水平的灰色关联度排序为：东部地区（0.5329）＞中部地区（0.5118）＞西部地区（0.4561）。

为了更加准确地识别贸易对共同富裕水平的影响，本节从实证研究的角度入手，通过构建计量经济模型实证检验贸易对我国共同富裕水平的影响效果。

一、构建计量经济模型

根据研究内容，本节构建模型（6-1）识别出口贸易对共同富裕水平的影响，构建模型（6-2）识别进口贸易对共同富裕水平的影响。

$$\ln COP_{it} = \alpha_0 + \alpha_1 \ln EX_{it} + \beta \Gamma_{it} + \mu_i + v_t + \varepsilon_{it} \qquad (6-1)$$

$$\ln COP_{it} = \alpha_0 + \alpha_1 \ln IM_{it} + \beta \Gamma_{it} + \mu_i + v_t + \varepsilon_{it} \qquad (6-2)$$

模型（6-1）和模型（6-2）中，$\ln COP_{it}$表示我国各省份共同富裕水平的对数值，$\ln EX_{it}$和$\ln IM_{it}$分别表示我国各个省份出口贸易额和进口贸易额的对数值，Γ_{it}为控制变量，μ_i为个体固定效应，v_t为时间固定效应，ε_{it}表示随机扰动项，i表示本研究涉及的30个省份，$t=2013$，2012，…，2022。

二、指标选取情况说明

在实证分析的过程中，为消除由于量纲的不同所带来的影响，本部分将所涉及的变量均进行对数化处理，其中数据若无特殊说明均来自中经网统计数据库。

模型（6-1）和模型（6-2）中各变量的选取情况说明如下：

1. 被解释变量（$\ln COP$）

被解释变量为中国各省份共同富裕水平的对数值，由第四章测算得到。

2. 核心解释变量

（1）出口贸易（$\ln EX$）：模型（6-1）中的核心解释变量为我国各省份出口贸易额的对数值，数据来自国家统计局。

（2）出口贸易（$\ln IM$）：模型（6-2）中的核心解释变量为我国各省

份进口贸易额的对数值，数据来自国家统计局。

3. 控制变量

本书重点研究贸易对共同富裕水平的影响，结合共同富裕的本质内涵，以及中国的发展阶段，同时参照国内外相关学者的研究成果，引入以下控制变量，其中控制变量值均来自中经网统计数据库，其具体说明情况如下。

（1）产业结构（lnins）：本章用第二次产业产值与第三次产业产值比值的对数值来衡量中国各省份的产业结构。在各省份的第二次产业产值中，制造业产值均占据相当比重，纵观日本、德国等发达国家，其制造业产值均占据较高比重，制造业的质量直接影响一国或一地区的富裕程度，基于此本书引入该控制变量。

（2）交通设施质量（lntrs）：本章用各省份公路里程数的对数值来衡量其交通设施质量情况。

（3）通信设施质量（lncom）：随着数字化时代的到来，通信设施质量已经成为影响一地区富裕程度的关键因素，基于此考量本书用移动电话基站数个数的对数值来衡量各省份的通信设施质量。

（4）网络普及度（lnint）：本章用宽带接入用户数的对数值来控制中国各省份的网络普及程度。

（5）金融业发展水平（lnfin）：用各省份金融业增加的对数值来衡量各省份的金融业发展水平。

模型(6-1)和模型(6-2)中各变量的描述性统计分析如表6-6所示。

表6-6　　　　　　　　　主要变量的描述性统计分析

变量	观测值	均值	标准差	最小值	最大值
lnCOP	300	1.9362	0.0934	1.6938	2.2039
lnEX	300	5.6376	1.6285	0.5762	8.9860
lnIM	300	5.4091	1.6883	0.4374	8.5126
lnins	300	-0.2654	0.3662	-1.6645	0.4075
lntrs	300	11.7261	0.8523	9.4441	12.9126
lncom	300	2.8259	0.8101	0.1655	4.5945
lnint	300	6.7956	0.8891	4.0055	8.4400
lnfin	300	7.3133	0.9186	4.6644	9.3780

资料来源：国家统计局官网，https：//www.stats.gov.cn/；中经网统计数据库。

三、研究设计

本部分运用2013～2022年中国30个省份的面板数据为研究样本，分别从出口贸易和进口贸易的视角探究贸易对我国共同富裕水平的影响效果。在对面板数据进行估计的过程中，固定效应模型可以将不随时间变化的变量固定起来，有效降低估计过程中因遗漏变量导致的估计偏误。与此同时，在对模型（6-1）和模型（6-2）的估计过程中，Hausman的检验结果也强烈拒绝使用随机效应模型，由此表明用固定效应模型具有科学性与合理性。在具体分析出口贸易与进口贸易对共同富裕水平的影响过程中，本部分均从整体视角（即全样本）和异质性视角（分样本）两个维度展开。在出口贸易和进口贸易对共同富裕水平的异质性分析过程中，本节分别检验东部地区和中西部地区出口贸易与进口贸易对共同富裕水平的影响效果。

（一）出口贸易对共同富裕水平的影响效果

1. 整体视角

表6-7为以2013～2022年中国30个省份的数据为样本对模型（6-1）进行估计的结果。

表6-7 出口贸易对共同富裕水平影响的回归结果（整体视角）

变量	模型（1）	模型（2）	模型（3）	模型（4）	模型（5）	模型（6）
$\ln EX$	0.0102 (0.0089)	0.0122 (0.0094)	0.0050 (0.0071)	0.0064 (0.0088)	0.0070 (0.0051)	0.0036 (0.0061)
$\ln ins$		0.0410 ** (0.0179)	0.0761 *** (0.0219)	0.0487 ** (0.0218)	0.0491 ** (0.0195)	0.0601 *** (0.0217)
$\ln trs$			0.1242 *** (0.0335)	0.1684 *** (0.0571)	0.0126 (0.0570)	0.0132 (0.0607)
$\ln com$				-0.0166 (0.0140)	-0.1210 *** (0.0311)	-0.1310 *** (0.0304)
$\ln int$					0.1471 *** (0.0281)	0.1402 *** (0.0340)
$\ln fin$						0.0311 (0.0550)
_cons	1.8785 *** (0.0502)	1.8780 *** (0.0531)	0.4719 (0.3711)	-0.0142 (0.6325)	1.1047 (0.6515)	0.9674 (0.6939)

续表

变量	模型（1）	模型（2）	模型（3）	模型（4）	模型（5）	模型（6）
观测值	300	300	300	300	300	300
Cluster	Yes	Yes	Yes	Yes	Yes	Yes
R－sq within	0.0055	0.0227	0.0569	0.0650	0.2384	0.2411

注：**、*** 分别表示在 5%、1% 的显著性水平下通过检验；括号内的值为稳健标准误。
资料来源：Stata 统计输出。

表 6－7 中的回归结果显示，模型（1）~模型（6）中核心解释变量出口贸易（$\ln EX$）的回归系数为正，但是均未通过统计显著性检验。由此表明，从整体视角看，我国出口贸易对促进共同富裕的效果不明显。

2. 异质性视角

本部分分别以 2013~2022 年我国东部地区省份和中西部地区省份的数据为样本，对模型（6－1）进行回归，得到东部地区、中西部地区出口贸易对共同富裕水平影响的回归结果分别如表 6－8 和表 6－9 所示。

表 6－8　　　　东部地区出口贸易对共同富裕水平影响的回归结果

变量	模型（1）	模型（2）	模型（3）	模型（4）	模型（5）	模型（6）
$\ln EX$	0.0564 *** （0.0050）	0.0483 *** （0.0116）	0.0487 ** （0.0177）	0.0778 * （0.0391）	0.0552 （0.0360）	0.0220 （0.0231）
$\ln ins$		−0.0298 （0.0507）	−0.0310 （0.0547）	−0.2166 （0.0913）	−0.1614 （0.1042）	−0.0699 （0.0751）
$\ln trs$			−0.0046 （0.1119）	−0.0413 （0.1317）	−0.1011 （0.1114）	−0.0622 （0.1317）
$\ln com$				−0.0573 （0.0349）	−0.0971 * （0.0489）	−0.1441 ** （0.0626）
$\ln int$					0.0905 （0.0630）	0.0941 （0.0643）
$\ln fin$						0.1191 （0.0790）
_cons	1.5947 *** （0.0347）	1.6379 *** （0.0606）	1.6858 （1.1486）	1.9833 （1.2721）	2.3142 * （1.0587）	1.3165 （1.5281）
观测值	100	100	100	100	100	100
Cluster	Yes	Yes	Yes	Yes	Yes	Yes
R－sq within	0.0854	0.0928	0.0929	0.1551	0.2023	0.2511

注：*、**、*** 分别表示在 10%、5%、1% 的显著性水平下通过检验；括号内的值为稳健标准误。
资料来源：Stata 统计输出。

表6-8中的回归结果显示，模型（1）~模型（4）中核心解释变量出口贸易（lnEX）分别在1%、1%、5%和10%的显著性水平下通过检验，且系数符号为正，模型（5）和模型（6）中核心解释变量未通过统计显著性检验。该结果在一定程度上表明，扩大我国东部地区省份出口贸易有助于促进共同富裕水平提升。

表6-9　　　　　中西部地区出口贸易对共同富裕水平影响的回归结果

变量	模型（1）	模型（2）	模型（3）	模型（4）	模型（5）	模型（6）
lnEX	-0.0033 (0.0078)	0.0018 (0.0106)	-0.0053 (0.0076)	-0.0055 (0.0117)	0.0054 (0.0075)	0.0134 (0.0093)
lnins		0.0682 *** (0.0161)	0.1185 *** (0.0137)	0.0652 ** (0.0244)	0.0792 *** (0.0259)	0.0460 (0.0292)
lntrs			0.1597 *** (0.0254)	0.3184 *** (0.0460)	0.1780 ** (0.0675)	0.1945 *** (0.0648)
lncom				-0.0468 *** (0.0135)	-0.2337 *** (0.0279)	-0.2129 *** (0.0308)
lnint					0.2191 *** (0.0305)	0.2430 *** (0.0316)
lnfin						-0.0873 (0.0538)
_cons	1.9235 *** (0.0390)	1.9077 *** (0.0524)	0.0275 (0.3054)	-1.7615 *** (0.5178)	-1.0710 (0.7382)	-0.9228 (0.7384)
观测值	170	170	170	170	170	170
Cluster	Yes	Yes	Yes	Yes	Yes	Yes
R-sq within	0.0007	0.0406	0.1058	0.1548	0.4794	0.4964

注：**、***分别表示在5%、1%的显著性水平下通过检验；括号内的值为稳健标准误。
资料来源：Stata统计输出。

从表6-9中的回归结果看，模型（1）~模型（6）中核心解释变量出口贸易（lnEX）均未通过统计显著性检验，由此表明我国中西部地区出口贸易对共同富裕的影响效果不明显。

对比表6-8和表6-9的结果可知，我国东部地区出口贸易对共同富裕的影响效果较中西部地区明显。

（二）进口贸易对共同富裕水平的影响效果

1. 整体视角

以 2013～2022 年中国 30 个省份的面板数据为样本对模型（6－2）进行回归，得到进口贸易对共同富裕水平影响的回归结果如表 6－10 所示。

表 6－10　　　　进口贸易对共同富裕水平影响的回归结果（整体视角）

变量	模型（1）	模型（2）	模型（3）	模型（4）	模型（5）	模型（6）
lnIM	0.0340 *** (0.0073)	0.0466 *** (0.0084)	0.0400 *** (0.0108)	0.0428 *** (0.0128)	0.0216 * (0.0111)	0.0197 ** (0.0096)
lnins		0.0722 *** (0.0202)	0.0878 *** (0.0217)	0.0529 ** (0.0226)	0.0525 *** (0.0189)	0.0592 *** (0.0195)
lntrs			0.0689 (0.0498)	0.1249 * (0.0641)	0.0085 (0.0604)	0.0077 (0.0630)
lncom				− 0.0218 (0.0159)	− 0.1133 *** (0.0320)	− 0.1212 *** (0.0302)
lnint					0.1333 *** (0.0307)	0.1298 *** (0.0342)
lnfin						0.0215 (0.0464)
_cons	1.7522 *** (0.0395)	1.7030 *** (0.0432)	0.9347 * (0.5388)	0.3154 (0.7082)	1.1478 (0.6879)	1.0578 (0.7069)
观测值	300	300	300	300	300	300
Cluster	Yes	Yes	Yes	Yes	Yes	Yes
R－sq within	0.0506	0.0979	0.1076	0.1214	0.2495	0.2510

注：*、**、*** 分别表示在 10%、5%、1% 的显著性水平下通过检验；括号内的值为稳健标准误。

资料来源：Stata 统计输出。

表 6－10 中的回归结果显示，模型（1）～模型（6）中核心解释变量进口贸易（lnIM）在 10% 的显著性水平下均通过统计显著性检验，表明进口贸易对共同富裕的影响效果明显，即扩大进口贸易规模能够有效促进共同富裕水平提升。

2. 异质性视角

参照上述出口贸易对共同富裕水平影响的异质性分析思路，以东部地区和中西部地区的数据为样本对模型（6-2）进行回归，得到东部地区和中西部地区进口贸易对共同富裕水平影响的回归结果，分别如表6-11和表6-12所示。

表6-11　　　　　　东部地区进口贸易对共同富裕水平影响的回归结果

变量	模型（1）	模型（2）	模型（3）	模型（4）	模型（5）	模型（6）
lnIM	0.0690 *** (0.0125)	0.0646 ** (0.0212)	0.0640 ** (0.0231)	0.0687 ** (0.0277)	0.0540 * (0.0258)	0.0299 (0.0183)
lnins		-0.0204 (0.0557)	-0.0139 (0.0589)	-0.1332 (0.0603)	-0.1041 (0.0730)	-0.0576 (0.0580)
lntrs		0.0209 (0.1142)	0.0159 (0.1159)	-0.0574 (0.1034)	-0.0464 (0.1253)
lncom				-0.0356 (0.0284)	-0.0794 (0.0469)	-0.1264 * (0.0583)
lnint					0.0847 (0.0596)	0.0886 (0.0605)
lnfin						0.0984 (0.0770)
_cons	1.5079 *** (0.0869)	1.5292 *** (0.1259)	1.3025 (1.1787)	1.3809 (1.1849)	1.8486 * (0.9914)	1.2414 (1.4905)
观测值	100	100	100	100	100	100
Cluster	Yes	Yes	Yes	Yes	Yes	Yes
R-sq within	0.1544	0.1581	0.1589	0.1887	0.2311	0.2607

注：*、**、***分别表示在10%、5%、1%的显著性水平下通过检验；括号内的值为稳健标准误。

资料来源：Stata统计输出。

表6-11中模型（1）~模型（5）的核心解释变量进口贸易（lnIM）在1%、5%、5%、5%和10%的显著性水平下均通过统计显著性检验，由此表明我国东部地区进口贸易对共同富裕的影响效果明显，扩大进口贸易规模有助于提升东部地区的共同富裕水平。

表 6 – 12   中西部地区进口贸易对共同富裕水平影响的回归结果

变量	模型（1）	模型（2）	模型（3）	模型（4）	模型（5）	模型（6）
ln*IM*	0.0238 **	0.0434 ***	0.0323 **	0.0359 **	0.0124	0.0149
	(0.0084)	(0.0100)	(0.0113)	(0.0167)	(0.0094)	(0.0116)
ln*ins*		0.1105 ***	0.1324 ***	0.0761 **	0.0811 ***	0.0545 *
		(0.0152)	(0.0157)	(0.0264)	(0.0256)	(0.0291)
ln*trs*			0.0971 **	0.2619 ***	0.1710 **	0.1891 **
			(0.0410)	(0.0384)	(0.0655)	(0.0648)
ln*com*				− 0.0506 ***	− 0.2276 ***	− 0.2084 ***
				(0.0162)	(0.0262)	(0.0318)
ln*int*					0.2103 ***	0.2251 ***
					(0.0277)	(0.0270)
ln*fin*						− 0.0680
						(0.0475)
_cons	1.8000 ***	1.7293 ***	0.6130	− 1.2578 ***	− 0.9738	− 0.8835
	(0.0376)	(0.0434)	(0.4586)	(0.4262)	(0.7237)	(0.7319)
观测值	170	170	170	170	170	170
Cluster	Yes	Yes	Yes	Yes	Yes	Yes
R – sq within	0.0287	0.1186	0.1387	0.1955	0.4826	0.4949

注：*、**、*** 分别表示在 10%、5%、1% 的显著性水平下通过检验；括号内的值为稳健标准误。

资料来源：Stata 统计输出。

表 6 – 12 中的回归结果显示，模型（1）~模型（4）中核心解释变量进口贸易（ln*IM*）在 10% 的显著性水平下均通过统计显著性检验，模型（5）和模型（6）中核心解释变量均未通过检验。该结果在一定程度上表明，中西部地区进口贸易对共同富裕的影响效果比较明显。

对比表 6 – 11 和表 6 – 12 中的回归结果可以发现，东部地区进口贸易（ln*IM*）的系数值明显高于中西部地区。由此可得东部地区进口贸易对共同富裕水平的影响程度强于中西部地区。

（三）实证结果分析

上述出口贸易、进口贸易对共同富裕水平影响的实证研究结果表明：

从整体视角看，出口贸易和进口贸易对提升我国共同富裕水平均具有正向影响，但是出口贸易的影响效果不明显。导致该结论的主要原因可以归结为如下几个方面：（1）促进全体人民实现共同富裕是中国共产党始终为之奋斗的目标。为了实现该目标，中国申请加入世界贸易组织（WTO）、实施"走出去"战略、推进与其他金砖国家的经贸务实合作、创造性地提出"一带一路"倡议，为中国与其他国家的贸易合作搭建了重要的平台。在此背景下，中国出口贸易、进口贸易都实现了大幅度增长。国家统计局数据资料显示，2000 年中国货物贸易出口额为 2492 亿美元、进口额为 2250.9 亿美元，2022 年货物贸易出口额和进口额分别达到 35605.39 亿美元和 27095.74 亿美元，分别增长了 13.3 倍、11 倍。国际贸易理论指出，贸易的开展建立在比较优势的基础上，不断深入推进中国与其他国家在贸易领域的务实合作，有助于双边充分发挥自身的比较优势，提高双边国家的福利水平。结合前述理论分析，出口贸易与进口贸易对于经济增长具有正向影响，且贸易具有协调居民消费水平和收入水平的作用，受此影响，贸易对于促进我国实现共同富裕具有正向影响。（2）2020 年以来，中央多次强调要加快形成"以国内大循环为主体、国内国际双循环相互促进的新发展格局"[①]。在新发展格局的构建过程中，出口贸易和进口贸易是我国畅通国内和国际双循环的抓手，通过开展国际贸易能够实现资源在更大空间范围内的优化配置，提高资源的配置效率，达到优化产业结构、促进区域协调发展的效果。而实现共同富裕目标，需要以产业结构优化、区域协调发展为支撑，受此影响使得无论是出口贸易还是进口贸易均对共同富裕水平提升具有正向影响。（3）改革开放 40 余年以来，中国经济一直呈高速增长的态势，中经网统计数据显示，1978～2022 年我国 GDP 年均增长率为 9.3%，堪称世界经济增长的奇迹。毫无疑问，中国经济高速发展很大程度上得益于改革开放战略。共同富裕作为我国脱贫攻坚战取得全面胜利后的接续目标，更是需要在高水平对外开放中实现。贸易是促进我国经济增长的动力，更是我国高水平

---

① 习近平在企业家座谈会上的讲话 [EB/OL]. （2020 - 07 - 22）[2024 - 02 - 10]. http://jhsjk. people. cn/article/31792488.

对外开放的载体，其也必将助力我国共同富裕目标实现。（4）进口贸易对共同富裕影响效果较出口贸易明显的原因在于，进口贸易的发展会与本土企业形成竞争，产生"鲶鱼效应"，即进口相当于为本国市场引入了外部竞争机制，能够倒逼本土企业改革，激发本土企业活力，进而实现产业结构优化升级，最终成为国民经济持续发展的动力，助力共同富裕目标实现。

从异质性的视角看，东部地区出口贸易与进口贸易对共同富裕水平的影响效果较中西部地区明显。究其原因在于：（1）相较于中西部地区，我国东部地区具有区位优势。我国东部地区多为沿海、沿江省份，沿海、沿江港口形成了东部地区对外贸易的天然区位优势，改革开放战略实施以来，东部地区凭借区位优势参与国际贸易分工，并进一步获得劳动生产率优势（陆铭等，2019）。与此同时，东部地区和中西部地区因区位条件差异，也进一步导致其政策服务能力、经济社会发展水平的差异（涂熙玲，2020）。受此影响，东部地区无论是出口贸易还是进口贸易，对共同富裕水平的影响效果较之于中西部地区均较为明显。（2）受政策优势的影响，东部地区进出口贸易对共同富裕水平的影响较中西部地区明显。自改革开放战略实施以来，东部地区便是我国实施对外开放的先行区和示范区，加之东部地区享受到了各种优惠政策，在政策红利的影响下我国东部沿海地区省份率先参与到国际贸易分工格局中。至今，无论是从出口贸易规模还是进口贸易规模看，我国东部地区省份均处于明显领先的地位。（3）国际贸易的经济地理效应指出，一个国家一旦对外开放、参与国际分工与贸易，受运输成本的制约，经济增长就会集中到该国的沿海地区或边界地区，从该视角看，上述结论符合国际贸易的经济地理效应理论。

第三节　稳健性检验

为了保证上述实证研究结果的可信性，本节进一步对上述研究结果进行稳健性检验。

一、反向因果关系

前述研究运用固定效应模型实证检验了出口贸易和进口贸易对共同富裕水平的影响。从实证研究的视角看，固定效应模型在很大程度上能够降低因遗漏变量导致的估计偏误，但是其无法克服因反向因果关系导致的估计偏误。为此，本书参照李培馨（2014）等人的研究，将核心解释变量和控制变量均做滞后一期处理，运用处理后的数据对模型（6-1）和模型（6-2）进行回归，得到出口贸易和进口贸易对共同富裕水平影响的稳健性检验结果分别如表6-13和表6-14所示。

（一）出口贸易对共同富裕水平的影响

表6-13是将核心解释变量和控制变量均做滞后一期处理后，出口贸易（L. $\ln EX$）对共同富裕水平影响的回归结果。

表6-13　　　　　出口贸易对共同富裕水平影响的稳健性检验（1）

变量	全样本		东部地区		中西部地区	
	模型（1）	模型（2）	模型（3）	模型（4）	模型（5）	模型（6）
L. $\ln EX$	0.0193 (0.0167)	0.0064 *** (0.0019)	0.1038 *** (0.0181)	0.0301 *** (0.0081)	0.0157 (0.0195)	0.0075 *** (0.0020)
控制变量	不控制	控制	不控制	控制	不控制	控制
_cons	1.8180 (0.0936)	1.1617 *** (0.1112)	1.2632 *** (0.1255)	1.2534 *** (0.0853)	1.8170 *** (0.0967)	0.9181 *** (0.1306)
观测值	270	270	90	90	153	153
Cluster	Yes	Yes	Yes	Yes	Yes	Yes
R – sq within	0.0458	0.9127	0.4029	32.86	0.0363	0.9256

注：*** 表示在1%的显著性水平下通过检验；括号内的值为稳健标准误。
资料来源：Stata 统计输出。

表6-13的回归结果显示，模型（2）、模型（3）、模型（4）和模型（6）中核心解释变量出口贸易滞后一期变量（L. $\ln EX$）在1%的显著性水平下通过统计显著性检验。由此表明，我国东部地区出口贸易较中西部地

区出口贸易对共同富裕水平的影响效果显著，该结论与前述结论基本保持一致。

（二）进口贸易对共同富裕水平的影响

同上，将模型（6-2）中核心解释变量和控制变量均做滞后一期处理，得到进口贸易对共同富裕水平影响的稳健性检验结果如表6-14所示。

表6-14　　　　　　进口贸易对共同富裕水平影响的稳健性检验（1）

变量	全样本		东部地区		中西部地区	
	模型（1）	模型（2）	模型（3）	模型（4）	模型（5）	模型（6）
L. ln*IM*	0.0572***	0.0174***	0.0652***	0.0222**	0.0577***	0.0172***
	(0.0101)	(0.0020)	(0.0167)	(0.0079)	(0.0126)	(0.0018)
控制变量	不控制	控制	不控制	控制	不控制	控制
_cons	1.6190***	1.2005***	1.5317***	1.1218***	1.6388***	1.0570***
	(0.0543)	(0.0996)	(0.1154)	(0.0664)	(0.0558)	(0.1291)
观测值	270	270	90	90	153	153
Cluster	Yes	Yes	Yes	Yes	Yes	Yes
R - sq within	0.3365	0.9304	0.2520	0.9373	0.4013	0.9433

注：**、***分别表示在5%、1%的显著性水平下通过检验；括号内的值为稳健标准误。
资料来源：Stata 统计输出。

表6-14中的结果显示，模型（1）~模型（6）中核心解释变量进口贸易滞后一期变量（L. ln*IM*）在5%的显著性水平下均通过统计显著性检验，且模型（3）、模型（4）中核心解释变量的回归系数分别大于模型（5）和模型（6），该结论表明进口贸易对我国东部地区和中西地区共同富裕水平均具有正向影响，且对东部地区的影响程度高于中西部地区，该结论与前面的结论保持一致。

二、异常值的影响

从我国各个省份的经济发展特征看，我国各个省份之间的出口贸易规模、进口贸易规模、共同富裕水平的非均衡特征十分明显，差异性较大，由此可能产生因为某个变量值过高估计而导致最终的实证研究结果产生估计偏误。为此，本部分将实证回归中所涉及的变量均做1%和99%的缩尾处理。运用处理后的数据对模型（6-1）和模型（6-2）进行估计，得到考虑异常值后出口贸易和进口贸易对共同富裕水平的稳健性检验结果分别如表6-15和表6-16所示。

（一）出口贸易对共同富裕水平的影响

表6-15为考虑异常值的影响后，出口贸易对共同富裕水平影响的稳健性检验结果。

表6-15　　　　　出口贸易对共同富裕水平影响的稳健性检验（2）

变量	全样本		东部地区		中西部地区	
	模型（1）	模型（2）	模型（3）	模型（4）	模型（5）	模型（6）
lnEX	0.0116	0.0030	0.0597	0.0271	-0.0027	0.0153
	(0.0085)	(0.0080)	(0.0060)	(0.0246)	(0.0078)	(0.0092)
控制变量	不控制	控制	不控制	控制	不控制	控制
_cons	1.8705 ***	1.0980	1.5711	1.3824	1.9202 ***	-0.7937
	(0.0477)	(0.7232)	(0.0418)	(1.5044)	(0.0391)	(0.7123)
观测值	300	300	100	100	170	170
Cluster	Yes	Yes	Yes	Yes	Yes	Yes
R-sq within	0.0068	0.2366	0.0905	0.2523	0.0004	0.4946

注：*** 表示在1%的显著性水平下通过检验；括号内的值为稳健标准误。
资料来源：Stata 统计输出。

表6-15的回归结果显示，模型（1）~模型（6）中核心解释变量未通过统计显著性检验。从出口贸易（lnEX）的系数看，模型（1）~模型（4）核心解释变量出口贸易（lnEX）的系数均为正，表明从整体视角和东部地区的视角看出口贸易对共同富裕水平具有正向促进作用。但根据模型（5）和模型（6）的回归结果无法判定中西部地区出口贸易对共同富裕的影响效果，该结论也基本支持前述研究结论。

（二）进口贸易对共同富裕水平的影响

同上，考虑异常值的影响后，进口贸易对共同富裕水平影响的稳健性检验结果如表6-16所示。

表6-16　　　　进口贸易对共同富裕水平影响的稳健性检验（2）

变量	全样本		东部地区		中西部地区	
	模型（1）	模型（2）	模型（3）	模型（4）	模型（5）	模型（6）
lnIM	0.0347***	0.0196*	0.0705***	0.0321	0.0243**	0.0149
	(0.0072)	(0.0113)	(0.0120)	(0.0191)	(0.0084)	(0.0123)
控制变量	不控制	控制	不控制	控制	不控制	控制
_cons	1.7481***	1.1865	1.4971***	1.3008	1.7981***	-0.7701
	(0.0388)	(0.7321)	(0.0836)	(1.4832)	(0.0374)	(0.7085)
观测值	300	300	100	100	170	170
Cluster	Yes	Yes	Yes	Yes	Yes	Yes
R-sq within	0.0524	0.2452	0.1604	0.2617	0.0302	0.4910

注：*、**、***分别表示在10%、5%、1%的显著性水平下通过检验；括号内的值为稳健标准误。

资料来源：Stata统计输出。

表6-16中模型（1）、模型（2）、模型（3）和模型（5）中核心解释变量进口贸易（lnIM）分别在1%、10%、1%和5%的显著性水平下均通过统计显著性检验，表明进口贸易对共同富裕水平具有正向影响。与此同时，东部地区样本模型（3）和模型（4）核心解释变量的系数值明显高于模型（5）和模型（6），由此可得，东部地区进口贸易对共同富裕的影响程度高于中西部地区，该结论与前述结论一致。

综上所述，在考虑反向因果关系和异常值的影响后，本书的研究结论依旧稳健，由此认为本书的研究结论具有较高的可信度。

第四节　本章小结

为了更加准确地识别贸易与共同富裕的关系，本章从实证研究的视角出发，通过构建灰色关联分析模型、固定效应模型分析了贸易对共同富裕水平的影响。在具体分析过程中，从整体视角和异质性视角两个维度实证检验了出口贸易、进口贸易对共同富裕水平的影响效果，实证研究结果表明如下。

无论是从省级层面看，还是从区域层面看，我国出口贸易、进口贸易与共同富裕水平之间存在较强的相关关系。从整体视角看，出口贸易和进口贸易对我国共同富裕水平均具有正向影响，即出口贸易和进口贸易规模扩大有助于提升我国的共同富裕水平，但是进口贸易对共同富裕水平的影响效果较出口贸易明显。从异质性的视角看，我国东部地区出口贸易与进口贸易对共同富裕水平的影响效果较中西部地区明显。具体表现为，东部地区出口贸易和进口贸易对共同富裕水平的影响程度均高于中西部地区。

为保证研究结论的科学性与可靠性，本章从反向因果关系、异常值影响两个维度出发，对实证研究结论进行了稳健性检验。稳健性检验结果与实证研究结论基本保持一致，即认为本章研究真实可信。

第七章

贸易促进我国共同富裕水平
提升的路径分析

在新发展格局下，出口贸易与进口贸易是我国畅通国内和国际经济循环的重要抓手，前述理论与实证研究均表明进一步出口贸易和进口贸易对促进我国共同富裕水平提升具有正向影响。本章在前述理论分析与实证分析的基础上，聚焦共同富裕所涉及的各个维度，从出口贸易和进口贸易的视角，分别设计出贸易促进我国共同富裕水平提升的路径。

第一节 出口贸易促进共同富裕水平提升的路径

一、以出口贸易为抓手，促进经济发展和区域协调

理论与实证分析表明，出口贸易能够促进我国经济发展和区域协调，促进我国共同富裕水平提升。为此，我国需要以出口贸易为抓手，扩大出口贸易规模，具体可以从如下几方面入手。

第一，积极融入全球多边贸易体制，为我国出口贸易发展搭建平台。随着经济全球化向纵深方向推进，国家之间的贸易合作也向多边贸易体制转变。为此我国需要进一步拓展现有多边区域合作机制，充分利用好上海

合作组织、金砖国家会晤机制等现有的合作机制，抓住区域全面经济伙伴关系协定（RCEP）落地生效的历史机遇，积极搭建我国高水平对外开放平台，为我国出口贸易发展拓展空间。扎实稳步推进"一带一路"倡议，对"一带一路"共建国家的市场展开充分调研，深入了解共建国家政府、企业、消费者对我国出口产品的需求，促进我国出口产品按市场需求出口至东道国。与此同时，在出口贸易的推进过程中，我国需要充分尊重市场经济运行规律，发挥比较优势，促进我国出口产品与"一带一路"共建国家实现优势互补，实现我国出口贸易持续增长。

第二，培育出口企业国际竞争力，为拉动经济增长提供动力。当前，我国出口贸易规模已经实现了持续增长，但是依旧面临出口产品国际知名度不高、国际竞争力不强的现实问题。在促进共同富裕目标实现的过程中，我国需要积极整合资源，集中发力，塑造出一批产品质量过硬、国际知名度高的出口产品，不断提升我国出口产品在国际市场的影响力，助力我国出口贸易高质量发展。此外，还需要培养一批业务能力精湛、具有国际视野和创新意识的高素质涉外人才，为培育出口企业国际竞争力提供人力资源保障。具体实践过程中，我国需要进一步优化高等教育布局，在专业设置、课程体系、人才培养等领域培养专业的高素质涉外人才，为我国出口企业发展注入活力，切实推动我国出口贸易高质量发展，助力共同富裕水平提升。

第三，有序引导东部地区、中部地区、西部地区外向型企业开展出口贸易，促进区域均衡发展。加入世界贸易组织（WTO）以来，无论是省级层面还是区域层面，我国出口贸易都实现了较大规模的增长，但是省际之间、区域之间的非均衡性特征十分突出，我国东部地区省份出口贸易额均明显高于中部地区和西部地区。因此，我国需要采取配套的政策支持，扩大我国中部地区和西部地区出口贸易，为此，可以对中部地区和西部地区外向型企业给予税收减免、出口补贴等措施，促进其出口贸易增长。与此同时，也可以引导东部地区出口企业有序向中部地区和西部地区转移或建立分部，为中部地区和西部地区外向型企业市场发展注入活力。通过外向型企业的"市场集聚效应"，带动周边相关产业、企业的发展。

二、优化出口贸易结构，推进社会公共服务均等化

改革开放以来，中国始终以负责任的大国形象和担当精神推进经济全球化进程。我国出口贸易更是取得了长足发展，但需要注意的是，我国出口贸易结构仍存在诸多问题。在促进共同富裕目标实现的过程中，需要进一步优化出口贸易结构，推进社会公共服务均等化，具体可以从如下几方面入手。

第一，增加对出口企业的科技研发投入，提高我国出口产品的科技含量。截至目前，我国出口贸易规模已经达到33800.24亿美元[①]，已经成为名副其实的出口贸易大国。但是我国出口贸易品面临着结构单一、科技含量低的现实问题，在很大程度上减损了出口贸易对共同富裕水平的促进成效。为此，我国需要进一步提高对技术研发的重视程度，增加对出口企业的科技研发投入，引导出口企业不断提高技术创新能力，向全球价值链高端攀升，不断提高产品技术含量。此外，我国需要加大对科技型出口企业的扶持力度，适当给予必要的财政支持和技术支持，不断优化我国出口贸易结构，为出口企业持续发展提供动力。

第二，切实注重发挥出口贸易对社会文化、社会公共服务的辐射带动作用。出口贸易是拉动经济增长的动力之源，更是国家之间文化、历史相互影响的重要纽带。在促进出口贸易发展、优化出口贸易结构的同时，我国需要切实关注出口贸易与我国社会文化的协调发展。在具体实践过程中，我国宣传部门需要把好政治关，对出口企业的主要管理人员展开必要的培训，引导出口企业在开展国际贸易的过程中，积极传承、传播我国优秀文化，为国际社会呈现平衡客观的中国形象，避免出口企业被部分西方恶意的舆论导向所左右。此外，地方政府需要统筹出口贸易、经济发展和财政支出情况三者之间的关系，引导出口贸易收益向社会公共服务领域流动，促进出口贸易与社会公共服务的协同发展。

第三，政府及相关部门切实把好关，保证出口产品的质量。在具体操

---

① 世界银行数据库：https://data.worldbank.org.cn/。

作过程中，我国质量技术监督部门、海关部门需要合作发力，严格对出口产品质量进行把控，敦促出口企业严格按照国际标准和质量管理体系进行生产，为我国出口企业树立良好的海外形象。此外，在生产过程中，需要对出口产品的生产过程进行监督管理，切实做到从原材料使用、生产加工过程到产品质量监测全方位、立体化的监督，确保出口产品质量符合国际市场需求。在该过程中不断提高我国出口产品的质量，推动出口产品结构优化升级。

三、践行绿色贸易理念，进一步优化生态环境

随着全球绿色革命兴起，绿色贸易合作将会是未来我国与其他国家开展贸易合作的重点。在促进共同富裕目标实现和我国出口贸易的过程中，需要积极践行绿色贸易理念，优化生态环境。

第一，以绿色出口贸易为抓手，深入推进我国与其他国家的绿色贸易合作。在中国式现代化建设进程中，国际经贸合作是我国实现高水平对外开放的载体，绿色贸易合作更是未来全球经贸合作的重点。为此，我国需要更加重视与其他国家的绿色贸易合作，具体实践过程中需要不断增强绿色产业链供应韧性，以高标准的绿色产品拓宽国际市场，大力推进绿色技术创新，重视新兴节能环保产业发展，扎实稳步推进中国与其他国家的绿色贸易合作，实现绿色贸易合作的多元化、自由化、便利化。与此同时，我国需要进一步扩大绿色贸易出口规模，弥合贸易伙伴国绿色产品需求缺口，以绿色贸易为基础，持续深化绿色基建、绿色能源、绿色交通等领域合作，为我国出口企业实现绿色升级增添动力，最终实现出口贸易规模扩大与生态环境改善协同发展。

第二，积极探索绿色贸易合作模式，扩大绿色贸易出口规模。目前，我国出口贸易规模无论是从整体情况看，还是从省级层面看，都呈现出了大幅度的增长趋势。但是我国绿色贸易出口规模还相对较小，且主要集中于可再生能源设备和环境保护型产品，绿色贸易出口结构非均衡特征突出。为此，我国需要进一步优化调整绿色出口产品结构，以绿色贸易合作为抓手，探索我国与其他国家绿色贸易合作模式，推进我国与其他国家在

经贸领域的良性互动。另外，鉴于我国目前绿色贸易出口对亚洲国家（尤其是东南亚国家）依存度过高、地区集聚特征明显的状况，需要深度挖掘与其他国家的绿色贸易合作潜力，拓宽绿色贸易出口市场。充分发挥绿色贸易出口对相关产品的带动作用，践行绿色发展理念，不断优化生态环境。

第三，以绿色贸易合作为契机，推动产业结构优化升级。绿色贸易合作是未来国家之间开展经贸合作的重点内容。绿色贸易可以通过各种方式渗透到传统产业的各个环节中，改变传统产业的生产方式和组织模式，促进各类传统产业生产要素的优化配置，推动产业结构优化升级。为此，我国需要大力推进绿色贸易合作，引导我国出口企业对标高标准国际经贸规则，践行国际社会倡导的绿色贸易合作理念。以绿色贸易合作为契机改造升级传统产业，促进产业绿色化发展，创造更多高质量的绿色贸易产品供给，为经济社会可持续发展提供保障。

第二节　进口贸易促进共同富裕水平提升的路径

一、畅通经济循环体系，助力经济高质量发展和区域协调发展

在中国式现代化的建设进程中，构建新发展格局的关键在于打通要素流动的堵点，畅通经济循环体系。具体到进口贸易的视角看，我国东部沿海地区凭借地理位置优势和政策优势，对外开放程度显著高于我国中部地区和西部内陆地区，中部地区和西部地区的进口贸易规模相应处于较低水平。在促进共同富裕目标实现的进程中，我国可以重点从如下几方面入手。

第一，以进口贸易为载体，促进我国省级之间资源整合，提高资源配置效率。目前，我国省际之间、地区之间进口贸易规模的非均衡性特征十分突出，东部地区省份的进口规模显著高于中西部地区省份。为此，我国需要采取必要的措施，推进省际之间进口贸易均衡发展。首先，由商务部牵头，各省级商务部门协调配合，各自对各省的经济发展状况、进口贸易产品需求情况进行充分调研，引导进口贸易产品更多地流向中西部内陆省

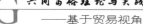
份。其次，引导我国各省份充分借鉴进口企业的先进技术和管理经验，以进口贸易为载体实现技术交流，不断提升我国本土企业技术水平和创新能力。最后，充分发挥市场在资源配置中的决定作用，引导我国本土企业与进口产品开展有序竞争，减少非必要的行政干预，提高资源配置效率。

第二，深度挖掘我国各省份的比较优势，融入全球价值链分工体系。尽管我国东部地区、中部地区和西部地区进口贸易规模存在显著差异，但是不同地区省份均具有各自的比较优势，譬如东部沿海省份具有较为发达的制造业基础，进行对外贸易合作的区位优势明显，而中西部地区则拥有相对丰富的自然资源和劳动力成本优势。在促进共同富裕目标实现的过程中，各地区可以结合自身的比较优势，有差别进口贸易产品，实现进口贸易与本地优势互补。例如，东部地区可以充分利用制造业优势，进口高精尖产品，提升我国东部地区在全球价值链中的地位。中部地区与西部地区扩大知识和技术密集型产品进口，在此基础上进一步发挥本地的资源优势，助力地区产业结构优化升级。

第三，以进口贸易合作为抓手，推进市场一体化进程。随着中国经济的快速发展，不同省份之间的市场联系日益紧密，但是各省份之间的地区保护主义倾向却始终存在，商品、要素在省际和地区之间的流动仍然存在障碍，这也在客观上造成了我国东部沿海省份进口贸易规模相较于中西部地区明显偏大。为此，我国可以以进口贸易合作为抓手，拆除省际之间、地区之间商品和要素流动的障碍，实现进口贸易产品在我国各省份、各地区之间的自由流动，推进市场一体化建设进程。在此过程中，不断扩大资源配置空间，以市场需求为导向，不断扩大各省份的进口贸易规模，促进经济发展，切实改善人民生活水平，助力共同富裕目标实现。

二、推动进口高质量发展，促进社会公共服务提质增效

在促进我国共同富裕目标实现的过程中，我国需要充分利用好进口贸易对社会公共服务的积极影响。通过推动进口贸易高质量发展，达到促进社会公共服务提质增效的目的。具体可以从如下几方面入手。

第一，利用好进口贸易产生的税收效应，提高社会公共服务质量。国

际经济理论表明，进口贸易会产生税收效应。随着我国进口贸易规模的不断扩大，政府税收收入会不断提升。为此，我国需要充分利用好进口贸易产生的税收收益，助力提升我国共同富裕水平。首先，中央政府部门需要对各省份、各区域教育、医疗等基础设施建设情况进行调研，充分了解哪些省份公共服务建设资金存在较大缺口，通过设置一定的关税收入比例，使部分关税收入流向资金缺口较大的省份，缩小省际和区域之间的差距。其次，我国中西部地区各省份在扩大进口贸易的同时，需要有针对性地进口一定数量的医疗、卫生公共物品，用于改善中西部地区的医疗卫生条件，缩小其与东部地区之间的差距。

　　第二，完善基础设施互联互通建设，助力进口贸易高质量发展。对比分析我国东部省份和中西部省份进口贸易规模，其存在显著差距的一个关键因素在于东部地区省份的道路、交通、网络等基础设施建设均领先于中部和西部地区省份，直接导致我国东部地区进口贸易对共同富裕水平的影响效果相较于中西部地区明显。为此，我国需要增加对中西部地区省份的财政投入，通过设立专项资金用于支持其基础设施建设。此外，我国还可以给予中西部省份适当的财政自主权，引导其财政支出流向基础设施建设领域。通过完善基础设施互联互通建设，助力进口贸易高质量发展，促进共同富裕水平提升。

　　第三，促进进口贸易与我国本土企业有机融合，培育我国产业优势。随着经济全球化进程加速，国际生产分工格局也日益精细化。我国可以通过进口贸易获取国际先进的管理经验、技术经验，助力我国产业向全球价值链高端迈进。为此，我国在进口贸易的开展过程中，海关部门需要对进口产品类别做进一步细分，针对不同类别的进口产品设置更具体化的进口关税，引导进口产品有序进入我国市场；我国各省级商务厅、发改委等相关部门需要对本地企业类别、产业优势展开更深入的调研，有针对性地引导进口产品与本土产业结合，以进口贸易为抓手，不断促进企业技术创新和生产方式改进，培育各地的优势产业，助力我国共同富裕目标实现。

三、严格把控进口产品质量，服务生态环境建设

　　实现共同富裕是一项长期、复杂的任务，需要充分发挥贸易的引领作用，

严格把控进口产品质量，服务生态环境建设。为此，可以从如下几方面入手。

第一，推进跨境贸易便利化进程，引导优质贸易品流向我国境内。近年来，尽管我国进口贸易规模已经实现了大幅度增长，但是进口贸易规模提升尚存在较大空间，需要进一步提升贸易便利化程度。继续强化铁路、公路、航空、港口、管道、通信网络等立体化基础设施建设和国际骨干通道建设，构建包括海运水运网络、公路网络、铁路网络以及航空网络在内的基础设施网络，提高运输设施质量和运输效率，为优质贸易品流入我国提供必要条件，助力我国共同富裕目标实现。

第二，以进口贸易为抓手，倒逼国内淘汰"两高一资"落后产能。在进口贸易的过程中，我国需要对进口贸易产品的质量、环保进行严格把关，坚决杜绝质量检验不合格、环保标准不达标的产品流入我国市场。当符合标准的贸易品进入我国后，坚决杜绝地方保护主义，允许进口贸易品与国内同类产业开展公平竞争，以引入外部竞争的机制，倒逼国内淘汰"高耗能、高污染和资源性"产能，最终实现进口贸易与生态环境质量改善的协调发展。

第三，采取差异化政策，促进进口贸易高质量发展。在进口贸易发展过程中，一方面需要针对不同类型的产业，制定差异化的进口政策；另一方面，通盘考虑我国东部地区、中部地区和西部地区的经济发展特征差异，优化贸易政策。从产业视角看，在制定进口政策的过程中，要加大对新兴产业、高端制造业的支持力度，针对该类产品可以制定优惠关税税率，促进战略性新兴产业和高端制造业产品流向我国，为我国战略性新兴产业和高端制造业发展注入活力。从区域经济发展的视角看，东部沿海发达地区需要加大力度促进高新技术产业贸易品流入，促进进口贸易品与本土企业的融合发展，提升东部地区优势产业在全球价值链中的地位；中西部内陆省份可以通过大力发展保税加工、保税物流等相关产业，以此来进一步完善国际贸易物流系统，提升贸易便利化水平。

第三节　本章小结

促进全体人民实现共同富裕是中国式现代化建设的重中之重。共同富裕作为我国脱贫攻坚战取得全面胜利后的接续目标，需要在更高水平的对外开放中实现。本章分别从出口贸易和进口贸易的视角分析了其促进共同富裕水平提升的路径。

其中，出口贸易促进共同富裕水平提升的路径包括以下方面。（1）以出口贸易为抓手，促进经济发展和区域协调。为此，我国需要积极融入全球多边贸易体制，为我国出口贸易发展搭建平台；培育出口企业国际竞争力，为拉动经济增长提供动力；有序引导东部、中部、西部地区外向型企业开展出口贸易，促进区域均衡发展。（2）优化出口贸易结构，推进社会公共服务均等化。具体实践过程中，我国需要增加对出口企业的科技研发投入，提高我国出口产品的科技含量；切实注重发挥出口贸易对社会文化、社会公共服务的辐射带动作用；政府及相关部门切实把好关，保证出口产品的质量。（3）践行绿色贸易理念，进一步优化生态环境。以绿色出口贸易为抓手，深入推进与其他国家的绿色贸易合作；积极探索绿色贸易合作模式，扩大绿色贸易出口规模；以绿色贸易合作为契机，推动产业结构优化升级。

进口贸易促进共同富裕水平提升的路径包括以下方面。（1）畅通经济循环体系，助力经济高质量发展、区域协调发展。具体包括，以进口贸易为载体，促进我国省际之间资源整合，提高资源配置效率；深度挖掘我国各省份的比较优势，融入全球价值链分工体系；以进口贸易合作为抓手，推进市场一体化进程。（2）推动进口高质量发展，为社会公共服务提质增效。在具体操作过程中，我国需要利用好进口贸易产生的税收效应，提高社会公共服务质量；完善基础设施互联互通建设，助力进口贸易高质量发展；促进进口贸易与我国本土企业有机融合，培育我国产业优势。（3）严格把控进口产品质量，服务生态环境建设。为此，我国需要从如下几方面入手：推进跨境贸易便利化进程，引导优质贸易品流向我国境内；以进口贸易为抓手，倒逼国内淘汰"两高一资"落后产能；采取差异化政策，促进进口贸易高质量发展。

第八章

结论与展望

第一节 结论

随着我国脱贫攻坚战取得全面胜利，我国开始步入促进全体人民实现共同富裕的历史新征程。在新发展格局下，进出口贸易是我国畅通国内国际经济循环的重要抓手，更是我国建设更高水平开放型经济新体制的重要手段。共同富裕作为我国脱贫攻坚战取得全面胜利后的接续目标，更是需要在高水平对外开放中实现。本书从"以开放促改革"的逻辑起点出发，以中国各省份为研究对象，通过前述理论分析、案例分析、计量分析、定性分析与定量分析方法，从出口贸易、进口贸易的视角分别分析了其对共同富裕影响的理论和效果，并设计了出口贸易和进口贸易促进共同富裕水平提升的路径。本书得到的主要结论如下。

首先，关于共同富裕的本质内涵，目前学术界尚未形成统一的规范定义。本书在系统梳理相关文献资料的基础上，认为共同富裕是一个相对综合的动态变化的概念，随着时代的发展会有越来越多的内容需要被纳入共同富裕的内涵框架。当前，共同富裕是一个至少应该包括经济发展、区域协调发展、社会文化发展、社会公共服务质量提升和生态环境改善五个维度在内的一个相对综合的概念。共同富裕的出发点和落脚点应该是广大的人民群众，共同富裕的本质在于实现社会和人的全面发展，全面可持续地提高全社会和全体人民的福利水平。本书从国际贸易理论、经济增长理论、资源配置理论和发展经济学等相关理论出发，结合共同富裕的本质内涵，依次分析了出口贸易、进口贸易对共同富裕所涉及的五个维度的影响，在此基础上构建了出口贸易和进口贸易对共同富裕影响的理论分析框架。

其次，本书运用国家统计局、中经网统计数据库提供的数据资料，系统分析了我国对外贸易的发展历程，并从出口贸易规模、出口贸易依存度、进口贸易规模、进口贸易依存度等方面具体分析了我国各省份、各区域的出口贸易特征和进口贸易特征。（1）我国对外贸易主要经历了三大发展阶段：改革开放前的缓慢发展阶段（1949～1978年）；改革开放后的快速扩张阶段（1978～2001年）；加入WTO后的转型升级型阶段（2001年至今）。（2）2000～2022年我国各省份、各区域的出口贸易规模和进口贸易规模均呈现出明显的增长趋势，但是省际之间、区域之间进出口贸易规模存在显著差异，非均衡性特征十分突出。我国东部地区无论是出口贸易规模还是进口贸易规模，均明显高于中西部以及东北地区。（3）我国大部分省份出口贸易依存度呈现先上升后下降的趋势。2000～2008年，我国绝大多数省份出口贸易依存度呈上升趋势，2008～2022年则呈明显的下降趋势。从区域层面看，我国东部地区、中部地区、西部地区和东北地区出口贸易依存度存在显著差异，其中东部地区出口贸易依存度最高，中部次之，近几年西部地区出口贸易依存度则高于东北地区。（4）2000～2022年，我国各省份的进口贸易依存度基本呈现先上升后下降的趋势，不同省份之间的进口贸易依存度差距明显。从区域层面看，我国东部地区、中部地区、西部地区和东北地区进口贸易依存度存在较为明显的差异，东部地区的进口贸易依存度最高，中部地区次之，东北地区居第三位，西部地区最低。

再次，本书结合我国各省份的经济发展特征和共同富裕的本质内涵，选取一级指标和二级指标系统构建了共同富裕水平测度指标体系，对2013～2022年我国各省份、各区域的共同富裕水平、共同富裕排名展开了具体分析。研究发现：从省际层面看，我国各省份共同富裕水平存在显著差异，非均衡特征明显，但其排名顺序相对比较稳定。我国各区域共同富裕水平存在显著差异，东部地区的共同富裕水平最高，中部地区次之，东北地区排名第三位，西部地区最低。

在测算我国各省份共同富裕水平的基础上，本书以山东省、江苏省、广东省和浙江省4个共同富裕水平较高的省份为例，通过案例分析法依次分析了出口贸易、进口贸易对共同富裕的影响。研究结果显示如下：（1）可以将山东省、江苏省共同富裕水平较高原因归结于其出口贸易水平较高，该两省凭借地理位置优势，不断促进对外贸易发展，并以出口贸易为抓手，实现资源在更大空间范围内的优化配置，促进出口企业借鉴学习国外先进技术和管理经验，实现出口贸易与共同富裕水平提升的良性互动。（2）广东省和浙江省作为我国进口规模前沿阵地，其高水平进口贸易在推动产业结构升级、保障资源能源供应安全、促进贸易平衡、引导国内消费等方面发挥了积极作用，进而对促进共同富裕产生积极影响。

在此基础上，本书通过构建灰色关联分析法分别构建了出口贸易、进口贸易与共同富裕间的灰色关联分析模型，从省级和区域的视角分析了出口贸易、进口贸易与共同富裕间的相关性。与此同时，本书通过系统构建计量经济模型，从省际视角和区域视角实证检验了出口贸易、进口贸易对共同富裕的影响效果。研究发现：（1）从省际层面看，我国绝大多数省份对出口贸易、进口贸易与共同富裕水平的灰色关联度均位于0.4以上的水平；从区域层面看，我国出口贸易、进口贸易与共同富裕水平之间的灰色关联度也均在0.4以上的水平，即我国出口贸易、进口贸易与共同富裕之间存在较强的相关关系。（2）实证检验结果表明，从整体视角看，出口贸易和进口贸易对我国共同富裕水平均具有正向影响，即出口贸易和进口贸易规模扩大有助于提升我国的共同富裕水平，但是进口贸易对共同富裕的影响效果相较于出口贸易明显。从异质性的视角看，我国东部地区出口贸易与进口贸易对共同富裕水平的影响效果相较于中西部地区更明显。

最后，基于前述研究结论，本书分别设计了出口贸易、进口贸易促进共同富裕水平提升的路径。其中，出口贸易促进共同富裕水平提升的路径包括：以出口贸易为抓手，促进经济发展和区域协调；优化出口贸易结构，推进社会公共服务均等化；践行绿色贸易理念，进一步优化生态环境。进口贸易促进共同富裕水平提升的路径包括：畅通经济循环体系，助力经济高质量发展、区域协调发展；推动进口高质量发展，为社会公共服务提质增效；严格把控进口产品质量，服务生态环境建设。

第二节 研究展望

本书以中国 30 个省份为研究对象，结合国际贸易理论、经济增长理论、资源配置理论和发展经济学相关理论，系统构建了出口贸易、进口贸易对共同富裕影响的理论分析框架。在对共同富裕水平进行测算与评价的基础上，进一步通过案例分析和计量分析研判了出口贸易、进口贸易对共同富裕的影响效果。最后根据理论分析和实证分析结论，分别设计了出口贸易、进口贸易促进共同富裕水平提升的路径。未来可以从如下几个方面展开进一步深入研究。

第一，共同富裕是一个随时代发展和社会进步而不断变化的概念，本书主要基于既有的宏观经济指标对我国各省份的共同富裕水平进行测算。未来需要加强对文本资料的整理，进一步完善共同富裕水平测度指标体系，为提高共同富裕水平提供更精确的数据资料。

第二，在案例分析过程中，本书仅选取了 4 个代表性省份展开分析，未来需要进一步开展实地调研，获取外向型企业的数据资料，更加全面地分析出口贸易、进口贸易与共同富裕之间的关系，为全面提升我国共同富裕水平提供更具针对性的对策建议。

第三，目前我国各省份进出口贸易的行业数据还相对匮乏，本书仅从进出口贸易的总量视角分析了出口贸易和进口贸易对共同富裕的影响。未来需要进一步搜集整理我国各省份进出口贸易的产业数据和行业数据，为促进共同富裕目标实现提供产业和行业维度的经验支持。

参考文献

［1］安孟，张诚．对外直接投资能否促进中国经济高质量发展［J］．大连理工大学学报（社会科学版），2022（5）：47-57.

［2］白洁．对外直接投资的逆向技术溢出效应——对中国全要素生产率影响的经验检验［J］．世界经济研究，2009（8）：65-69，89.

［3］柏旭．数字经济的共同富裕效果研究——基于城乡收入分配差距的视角［J］．经济纵横，2023（12）：84-94.

［4］蔡冬青，周经．对外直接投资反向技术外溢的国际经验——基于母国吸收能力的考察［J］．财经科学，2014（3）：121-130.

［5］蔡宏波，刘志颖．出口贸易对我国民族地区与非民族地区之间收入差距的影响研究［J］．民族研究，2016（3）：29-40，124.

［6］蔡锐，刘泉．中国的国际直接投资与贸易是互补的吗？——基于小岛清"边际产业理论"的实证分析［J］．世界经济研究，2004（8）：64-70.

［7］曹晓婕，闵维方．教育缩小收入差距促进共同富裕的实证研究［J］．教育研究，2023，44（11）：127-138.

［8］钞小静，任保平．新发展阶段共同富裕理论内涵及评价指标体系构建［J］．财经问题研究，2022（7）：3-11.

［9］陈俊聪，张瑾．对外直接投资的减贫效应及门槛特征；基于空间异质性分析［J］．南京社会科学，2018，363（1）：28-34，68.

［10］陈诗一，陈登科．雾霾污染、政府治理与经济高质量发展［J］．经济研究，2018，53（2）：20-34.

［11］陈思宇，陈斌开．贸易、就业与中国农村贫困［J］．改革，2020（9）：80-93.

［12］陈晓燕，董江爱．共同富裕目标下资源型地区政府责任研究

［J］．中国特色社会主义研究，2014（3）：49－51．

［13］陈旭，邱斌，郝良峰．出口专业化、多样化与城乡收入差距——基于中国省级面板数据的经验研究［J］．财贸研究，2016，27（2）：56－66．

［14］陈怡，陈雅婷．贸易开放对代际收入流动性的影响［J］．国际商务研究，2023，44（3）：28－45．

［15］陈怡，戴雪婷．国际贸易对中国家庭动态贫困的影响——基于相对贫困的视角［J］．财贸研究，2022，33（10）：18－32．

［16］陈正伟，张南林．基于购买力平价下共同富裕测算模型及实证分析［J］．重庆工商大学学报（自然科学版），2013，30（6）：1－5．

［17］陈宗胜，杨希雷．论中国共同富裕测度指标和阶段性进展程度［J］．经济研究，2023，58（9）：79－97．

［18］陈宗胜．试论从普遍贫穷迈向共同富裕的中国道路与经验——改革开放以来分配激励体制改革与收入差别轨迹及分配格局变动［J］．南开经济研究，2020（6）：3－22．

［19］程恩富，刘伟．社会主义共同富裕的理论解读与实践剖析［J］．马克思主义研究，2012（6）：41－47，159．

［20］邓虎林．走社会主义道路就是要逐步实现共同富裕［J］．求实，1992（4）：19－22，27．

［21］邓小平文选第3卷［M］．北京：人民出版社，1993．

［22］杜宏巍．共同富裕理论内涵、指数评价与实践进路探析［J］．行政管理改革，2023（4）：37－47．

［23］杜龙政，林润辉．对外直接投资、逆向技术溢出与省域创新能力——基于中国省际面板数据的门槛回归分析［J］．中国软科学，2018（1）：149－162．

［24］范从来，秦研，赵锦春．创建区域共同富裕的江苏范例［J］．江苏社会科学，2021（3）：49－57．

［25］符国涛，张文松．中国可持续发展的路径研究［J］．当代世界与社会主义，2013（6）：173－175．

［26］甘立勇，王永康．"共同富裕"是社会主义的本质属性和中国共产党人的不懈追求［J］．学术探索，2012（4）：27－31．

［27］高凌云，毛日昇．贸易开放、引致性就业调整与我国地方政府实际支出规模变动［J］．经济研究，2011，46（1）：42－56.

［28］龚六堂．缩小居民收入差距扎实推进共同富裕［J］．国家现代化建设研究，2022，1（1）：65－81.

［29］龚新蜀，李梦洁，张洪振．OFDI是否提升了中国的工业绿色创新效率——基于集聚经济效应的实证研究［J］．国际贸易问题，2017（11）：127－137.

［30］谷媛媛，邱斌．国际人才流入是否影响我国FDI区位选择——省级层面数据的实证分析［J］．科技进步与对策，2017，34（20）：30－36.

［31］顾海良．共同富裕是社会主义的本质要求［J］．红旗文稿，2021（20）：4－11.

［32］郭凌威，卢进勇，郭思文．改革开放四十年中国对外直接投资回顾与展望［J］．亚太经济，2018（4）：111－121.

［33］郭熙保，罗知．贸易自由化、经济增长与减轻贫困——基于中国省际数据的经验研究［J］．管理世界，2008（2）：15－24.

［34］郭易楠．党的十八大以来推进全体人民共同富裕研究述评［J］．中国井冈山干部学院学报，2023，16（2）：135－144.

［35］韩永辉，张帆，李子文．双向FDI与雾霾空气污染：理论机制与中国经验［J］．国际经贸探索，2021（7）：100－112.

［36］贺守海．消灭贫困与共同富裕［J］．中国经济问题，2007（3）：60－64.

［37］贺晓琴．中国企业"走出去"的发展态势及其目标［J］．世界经济研究，2008（10）：14－19.

［38］胡琰欣，屈小娥，董明放．中国对外直接投资的绿色生产率增长效应——基于时空异质性视角的经验分析［J］．经济学家，2016（12）：61－68.

［39］胡宇萱，龙方成．共享发展：新时代中国特色社会主义的价值追求［J］．湖南大学学报（社会科学版），2019，33（3）：8－13.

［40］黄金辉，郑雯霜．新发展理念促进共同富裕的内在机理与实践路径［J］．四川大学学报（哲学社会科学版），2022（6）：23－32.

［41］黄庆波，范厚明．对外贸易、经济增长与产业结构升级——基于中国、印度和亚洲"四小龙"的实证检验［J］．国际贸易问题，2010（2）：38－44．

［42］黄群慧．新发展格局的理论逻辑、战略内涵与政策体系——基于经济现代化的视角［J］．经济研究，2021，56（4）：4－23．

［43］贾军，魏洁云，王悦．环境规制对中国OFDI的绿色技术创新影响差异分析——基于异质性东道国视角［J］．研究与发展管理，2017，29（6）：81－90．

［44］贾妮莎，申晨．中国对外直接投资的制造业产业升级效应研究［J］．国际贸易问题，2016（8）：143－153．

［45］姜浩．金融发展、经济开放与对外直接投资的关系研究［J］．中央财经大学学报，2014（S1）：13－22．

［46］姜能鹏，贺培，陈金至．中国对外直接投资与技术创新：基于要素市场扭曲的视角［J］．中央财经大学学报，2018（8）：99－112．

［47］蒋冠宏．我国企业对外直接投资的"就业效应"［J］．统计研究，2016，33（8）．

［48］蒋锐．关于中国特色社会主义基本特征的思考［J］．社会主义研究，2019（2）：39－47．

［49］蒋永穆，豆小磊．扎实推动共同富裕指标体系构建：理论逻辑与初步设计［J］．东南学术，2022（1）：36－44，246．

［50］解建立．城乡公共服务供给均衡化的目标探究［J］．财政研究，2009（9）：38－41．

［51］［苏］卡马耶夫．经济增长的速度和质量［M］．陈华山，译．武汉：湖北人民出版社，1983．

［52］孔群喜，王晶，王紫绮．高质量发展阶段中国OFDI逆向技术溢出效应研究——基于吸收能力视角的解释［J］．财经问题研究，2018（10）：105－113．

［53］赖德胜．在高质量发展中促进共同富裕［J］．北京工商大学学报（社会科学版），2021，36（6）：10－16．

［54］李逢春．对外直接投资的母国产业升级效应——来自中国省际

面板的实证研究 [J]. 国际贸易问题, 2012 (6): 124-134.

[55] 李国祥, 张伟, 王亚君. 对外直接投资、环境规制与国内绿色技术创新 [J]. 科技管理研究, 2016, 36 (13): 227-231.

[56] 李静, 刘迪, 彭飞. 绿色贸易壁垒冲击与环境治理改善: 基于中国企业的证据 [J]. 经济评论, 2023 (1): 144-162.

[57] 李娟. 全面把握共同富裕的内涵 [J]. 理论探索, 2007 (4): 86-88.

[58] 李磊, 白道欢, 冼国明. 对外直接投资如何影响了母国就业? ——基于中国微观企业数据的研究 [J]. 经济研究, 2016, 51 (8).

[59] 李梅, 柳士昌. 对外直接投资逆向技术溢出的地区差异和门槛效应——基于中国省际面板数据的门槛回归分析 [J]. 管理世界, 2012, 220 (1): 21-32, 66.

[60] 李培馨. 海外上市地点、融资约束和企业成长 [J]. 南开经济研究, 2014 (5): 72-91.

[61] 李柔, 张鹏杨. 进口对工资的影响研究——基于供应链的视角 [J]. 国际贸易问题, 2023 (8): 158-174.

[62] 李实. 共同富裕的目标和实现路径选择 [J]. 经济研究, 2021, 56 (11): 4-13.

[63] 李思慧, 于津平. 对外直接投资与企业创新效率 [J]. 国际贸易问题, 2016 (12): 28-38.

[64] 李学习. 共同富裕的实现是一个动态过程 [J]. 实事求是, 1992 (4): 39-40.

[65] 李子奈. 共同富裕过程中的收入差距 [J]. 经济纵横, 1992 (10): 7-11.

[66] 林万龙, 陈蔡春子. 中国城乡差距40年 (1978—2017) 比较: 基于人类发展指数的分析 [J]. 河北师范大学学报 (哲学社会科学版), 2021, 44 (3): 120-129.

[67] 刘宏, 张蕾. 中国ODI逆向技术溢出对全要素生产率的影响程度研究 [J]. 财贸经济, 2012, 362 (1): 95-100.

[68] 刘培林, 钱滔, 黄先海, 等. 共同富裕的内涵、实现路径与测

度方法 [J]. 管理世界, 2021, 37 (8): 117 - 129.

[69] 刘栩. 出口专业化、多样化与共同富裕——基于中国省级面板数据的研究 [J]. 特区经济, 2023 (4): 74 - 78.

[70] [美] 鲁迪格·多恩布什, 斯坦利·费希尔, 理查德·斯塔兹. 宏观经济学 第12版 [M]. 王志伟, 译注. 大连: 东北财经大学出版社, 2015.

[71] 鲁万波, 常永瑞, 王叶涛. 中国对外直接投资、研发技术溢出与技术进步 [J]. 科研管理, 2015, 36 (3): 38 - 48.

[72] 陆铭, 李鹏飞, 钟辉勇. 发展与平衡的新时代——新中国70年的空间政治经济学 [J]. 管理世界, 2019, 35 (10): 11 - 23, 63, 219.

[73] 罗蓉, 何黄琪, 陈爽. 原连片特困地区共同富裕能力评价及其演变跃迁 [J]. 经济地理, 2022, 42 (8): 154 - 164.

[74] 罗雨森, 路正南. 环境规制视角下双向 FDI 对中国经济增长质量的影响 [J]. 统计与决策, 2022, 38 (4): 169 - 173.

[75] 吕光明, 陈欣悦. 2035年共同富裕阶段目标实现指数监测研究 [J]. 统计研究, 2022, 39 (4): 3 - 20.

[76] 吕越, 陆毅, 吴嵩博, 等. "一带一路"倡议的对外投资促进效应——基于2005—2016年中国企业绿地投资的双重差分检验 [J]. 经济研究, 2019, 54 (9): 187 - 202.

[77] 马理, 黎妮, 马欣怡. 破解胡焕庸线魔咒实现共同富裕 [J]. 财政研究, 2018 (9): 48 - 64.

[78] 毛其淋, 许家云. 中国企业对外直接投资是否促进了企业创新 [J]. 世界经济, 2014, 37 (8): 98 - 125.

[79] 毛日昇. 出口、外商直接投资与中国制造业就业 [J]. 经济研究, 2009, 44 (11): 105 - 117.

[80] 毛小扬. 生态文明建设的政府主体责任研究 [J]. 重庆大学学报 (社会科学版), 2013, 19 (6): 114 - 119.

[81] 聂名华, 齐昊. 对外直接投资能否提升中国工业绿色创新效率？——基于创新价值链与空间关联的视角 [J]. 世界经济研究, 2019 (2): 111 - 122.

［82］潘素昆，王跃生．利用对外直接投资推动中国经济高质量发展［J］．新视野，2018（4）：89－95．

［83］潘雄锋，闫窈博，王冠．对外直接投资、技术创新与经济增长的传导路径研究［J］．统计研究，2016，33（8）：30－36．

［84］庞磊，朱彤．中国双向直接投资增长质量效应分解与指数测度——来自扩展 IDP 模型的中国实证［J］．中国流通经济，2021，35（11）：120－128．

［85］逄锦聚．中国共产党带领人民为共同富裕百年奋斗的理论与实践［J］．经济学动态，2021（5）：8－16．

［86］裴长洪．进口贸易结构与经济增长：规律与启示［J］．经济研究，2013，48（7）：4－19．

［87］彭继增，邓千千，钟丽．中国对外直接投资与产业结构升级对绿色经济发展的影响——基于省际面板数据的空间溢出分析［J］．江西社会科学，2020，40（4）：48－60．

［88］朴英爱，于鸿．对外直接投资逆向技术溢出对中国产业结构升级的影响［J］．税务与经济，2023（1）：62－70．

［89］乔敏健，马文秀．对外直接投资推进经济高质量发展的效果分析——来自中国省级对外直接投资的经验证据［J］．经济问题探索，2020（1）：138－146．

［90］任保平．经济增长质量：经济增长理论框架的扩展［J］．经济学动态，2013（11）：45－51．

［91］任思雨，吴海涛，冉启英．对外直接投资、制度环境与绿色全要素生产率——基于广义分位数与动态门限面板模型的实证研究［J］．国际商务（对外经济贸易大学学报），2019（3）：83－96．

［92］沙文兵．对外直接投资、逆向技术溢出与国内创新能力——基于中国省际面板数据的实证研究［J］．世界经济研究，2012，217（3）：69－74，89．

［93］史恩义，张燕青．OFDI 影响母国金融发展的机理及效应研究——基于双重路径视角［J］．国际商务（对外经济贸易大学学报），2019（3）：97－111．

[94] 宋雅兵，朱进东. 数字经济、要素禀赋结构升级与共同富裕 [J]. 统计与决策，2024（1）：17-22.

[95] 孙华臣，焦勇. 贸易开放、地方政府竞争与中国城乡收入差距 [J]. 宏观经济研究，2017（12）：137-147，168.

[96] 孙景宇. 共同富裕对新发展阶段对外开放的内在要求 [J]. 福建师范大学学报（哲学社会科学版），2023（4）：84-92，171.

[97] 孙晓华，王昀. 对外贸易结构带动了产业结构升级吗？——基于半对数模型和结构效应的实证检验 [J]. 世界经济研究，2013（1）：15-21，87.

[98] 覃成林，杨霞. 先富地区带动了其他地区共同富裕吗——基于空间外溢效应的分析 [J]. 中国工业经济，2017（10）：44-61.

[99] 田朔，李平，徐莹莹. 进口贸易、MFDI 与经济增长质量 [J]. 统计与决策，2021，37（1）：116-119.

[100] 田雅娟，甄力. 迈向共同富裕：收入视角下的演进分析 [J]. 统计学报，2020，1（5）：61-68.

[101] 涂熙玲. 我国贸易开放度与经济增长关系的实证 [J]. 统计与决策，2020，36（12）：105-109.

[102] [英] 托马斯·孟. 英国得自对外贸易的财富 [M]. 北京：商务印书馆，2017.

[103] 万海远，陈基平. 共享发展的全球比较与共同富裕的中国路径 [J]. 财政研究，2021（9）：14-29.

[104] 汪丽娟. 中国对外直接投资对国内经济高质量发展的影响研究 [J]. 国际商务（对外经济贸易大学学报），2019（5）：56-72.

[105] 王菁. 城市化、国际贸易与城乡收入差距关系研究 [J]. 商业时代，2012（22）：10-11.

[106] 王晶晶. 数字企业对外直接投资的创新效应研究 [J]. 当代财经，2023，464（7）：121-131.

[107] 王立勇，胡睿. 贸易开放与工资收入：新证据和新机制 [J]. 世界经济，2020，43（4）：145-168.

[108] 王曼怡，郭珺妍. 中国双向 FDI 的产业结构优化效应研究——

基于地区金融发展水平的视角［J］.经济与管理研究，2021，42（5）：50－67.

［109］王少瑾.对外开放与我国的收入不平等——基于面板数据的实证研究［J］.世界经济研究，2007（4）：16－20，9，87.

［110］王微微，姚怀国，高珊珊."一带一路"倡议对中国企业投资效率的影响分析［J］.科学决策，2023，307（2）：81－93.

［111］王跃生，吴国锋.贸易自由化与中国的城乡收入差距——基于地级城市面板数据的实证研究［J］.国际贸易问题，2019（4）：64－75.

［112］维诺德托马斯.增长的质量［M］.剑桥：剑桥大学出版，2000.

［113］魏浩，耿园.对外贸易与中国的城乡收入差距［J］.世界经济研究，2015（7）：89－99，129.

［114］魏浩，张文倩.多维进口与中国地区经济增长［J］.经济与管理研究，2020，41（9）：29－46.

［115］魏浩，赵春明.对外贸易对我国城乡收入差距影响的实证分析［J］.财贸经济，2012（1）：78－86.

［116］魏浩.我国纺织品对外贸易出口的就业效应研究：1980—2007年［J］.国际贸易问题，2011（1）：29－42.

［117］魏敏，李书昊.新时代中国经济高质量发展水平的测度研究［J］.数量经济技术经济研究，2018（11）：3－20.

［118］吴萌，魏峰.基于绿色全要素生产率评价长三角区域经济高质量发展的时空分异研究［J］.西南林业大学学报（社会科学版），2022，6（6）：25－35.

［119］吴铭.以日本对华直接投资检验边际产业扩张理论［J］.国际经济合作，2012，314（2）：64－69.

［120］夏杰长，刘诚.数字经济赋能共同富裕：作用路径与政策设计［J］.经济与管理研究，2021，42（9）：3－13.

［121］夏文斌.促进共同富裕［J］.红旗文稿，2021（16）：29－32.

［122］项本武.中国对外开放战略：成就、挑战与调整［J］.宏观经济研究，2009（3）：65－71.

［123］［日］小岛清．对外贸易论［M］．周宝廉，译．天津：南开大学出版社，1987．

［124］徐光耀．我国进口贸易结构与经济增长的相关性分析［J］．国际贸易问题，2007（2）：3－7．

［125］徐乙尹，马艳，王博．出口扩张、地方财政与公共品供给［J］．西南民族大学学报（人文社会科学版），2022，43（12）：132－143．

［126］徐忠．如何理解十九大后的中国经济及相关改革［J］．上海金融，2018（2）：1－4．

［127］闫涛，陈阳．数字经济对高质量发展的影响——基于中介模型与门槛模型的检验［J］．经济与管理，2022，36（6）：1－7．

［128］杨彩虹．基于空间面板模型的区域 OFDI 对经济增长的影响分析［J］．统计与决策，2019，35（15）：133－136．

［129］杨海生，贾佳，周永章，等．贸易、外商直接投资、经济增长与环境污染［J］．中国人口·资源与环境，2005（3）：99－103．

［130］杨立雄，魏珍．从丰裕社会到共同富裕：发达地区共同富裕问题研究——以北京市为例［J］．南通大学学报（社会科学版），2022，38（6）：89－99．

［131］杨全发，舒元．中国出口贸易对经济增长的影响［J］．世界经济与政治，1998（8）：54－58．

［132］杨穗，赵小漫．走向共同富裕：中国社会保障再分配的实践、成效与启示［J］．管理世界，2022，38（11）：43－56．

［133］叶娇，赵云鹏．对外直接投资与逆向技术溢出——基于企业微观特征的分析［J］．国际贸易问题，2016（1）：134－144．

［134］尹庆民，祁硕硕．区域一体化对经济发展质量的影响研究——基于长三角中心区域城市的准自然实证分析［J］．软科学，2023（1）：1－16．

［135］郁建兴，任杰．共同富裕的理论内涵与政策议程［J］．政治学研究，2021（3）：13－25，159－160．

［136］袁欣．中国对外贸易结构与产业结构："镜像"与"原像"的背离［J］．经济学家，2010（6）：67－73．

［137］张二震，李远本，戴翔．高水平开放与共同富裕：理论逻辑及其实践路径［J］．南京社会科学，2022（4）：32－40．

［138］张建，李占风．对外直接投资促进了中国绿色全要素生产率增长吗——基于动态系统 GMM 估计和门槛模型的实证检验［J］．国际贸易问题，2020（7）：159－174．

［139］张建，王博．对外直接投资、市场分割与经济增长质量［J］．国际贸易问题，2022（4）：56－72．

［140］张建刚，王珺．北欧国家福利制度困境、演变趋势及其对我国实现共同富裕的启示［J］．上海经济研究，2023（1）：102－111．

［141］张林．中国双向 FDI、金融发展与产业结构优化［J］．世界经济研究，2016（10）：111－124．

［142］张曙霄，王馨，蒋庚华．中国外贸内部区域结构失衡与地区收入差距扩大的关系［J］．财贸经济，2009（5）：85－90．

［143］张文武，张莹．贸易开放与劳动力技能升级——基于全国流动人口动态监测调查数据的实证检验［J］．北京工商大学学报（社会科学版），2023，38（3）：14－24．

［144］张小溪，刘同山．经济开放对城乡收入差距的影响研究——基于省级面板数据的实证分析［J］．重庆社会科学，2020（11）：64－73．

［145］张欣怡，杨连星．文化产品出口、文化认同与企业跨国并购［J］．经济学动态，2023（7）：25－46．

［146］张玉斌，张云辉．国际贸易与 FDI：基于提高国民福利水平的比较［J］．商业研究，2009（6）：130－133．

［147］张志娟．出口贸易发展对城乡居民收入差距影响研究——基于我国三大区域异质性比较［J］．商业经济研究，2022（10）：162－165．

［148］赵剑波，史丹，邓洲．高质量发展的内涵研究［J］．经济与管理研究，2019，40（11）：15－31．

［149］赵玲．共享发展视域中农村基本公共服务均等化研究［J］．马克思主义与现实，2019（4）：159－165．

［150］赵云鹏，叶娇．对外直接投资对中国产业结构影响研究［J］．数量经济技术经济研究，2018，35（3）：78－95．

［151］郑少华，罗丽英. 国际直接投资对我国福利水平影响实证研究［J］. 湖南社会科学，2012（3）：148 – 151.

［152］中共中央文献研究室编. 建国以来重要文献选编第 7 册［M］. 北京：中央文献出版社，1993.

［153］朱洁西，李俊江. 高质量发展阶段中国对外直接投资的创新效应研究——基于逆向技术溢出的视角［J］. 科技管理研究，2022（7）：53 – 60.

［154］庄嘉霖，陈雯，陈鸣. 国际贸易与区域经济长期增长——基于近现代中国的研究［J］. 经济学（季刊），2023，23（4）：1513 – 1530.

［155］邹国良，刘娜娜. 科技创新对经济高质量发展影响的空间效应：以粤港澳大湾区为例［J］. 统计与决策，2022，38（21）：122 – 126.

［156］Agbloyor E K, Gyeke – Dako A, Kuipo R, et al. Foreign Direct Investment and Economic Growth in SSA：The Role of Institutions［J］. Thunderbird International Business Review, 2016, 58（5）：479 – 497.

［157］Asiedu E. Foreign Direct Investment in Africa：The Role of Natural Resources, Market Size, Government Policy, Institutions and Political Instability［J］. World Economy, 2006（1）：63 – 77.

［158］Berk G, Galvan D, Hattam V. Governance Architectures for Learning and Self – Recomposition in Chinese Industrial Upgrading［J］. Political Creativity, 2013（3）：78 – 99.

［159］Buckley P J. The future of the multinational enterprise［M］. Macmillan, 1976.

［160］Chenery H B. Foreign Assistance and Economic Development［J］. American Economic Review, 1968, 58（4）：912 – 916.

［161］Chotia V, Rao N V M. Investigating the interlinkages between infrastructure development, poverty and rural-urban income inequality：Evidence from BRICS nations［J］. Studies in Economics and Finance, 2017（4）：466 – 484.

［162］Datt G, Ravallion M. Why have some indian states done better than others at reducing rural poverty？［J］. Economica, 1998（257）：17 – 38.

［163］ Dunning J H. International production and the multinational enterprise ［M］. Allen & Unwin, 1981.

［164］ Elkomy S, Ingham H, Read R. Economic and Political Determinants of the Effects of FDI on Growth in Transition and Developing Countries ［J］. Thunderbird International Business Review, 2016, 58 (4): 347 – 362.

［165］ Felipe J, Kumar U. The Role of Trade Facilitation in Central Asia: A Gravity Model Jesus Felipe, Utsav Kumar, and Damaris Yarcia ［J］. Working Paper, Levy Economics Institute, 2010 (628): 1 – 42.

［166］ Fujimori A A, Sato T B. Productivity and technology diffusion in India: The spillover effects from foreign direct investment (Article) ［J］. Journal of Policy Modeling, 2015 (4): 630 – 651.

［167］ Gagliardi L, Iammarino S, Rodriguez – Pose A. Offshoring and the geography of jobs in Great Britain ［J］. Serc Discussion Papers, 2015.

［168］ Hymer S H. The international operations of national firms, a study of direct foreign investment ［D］. Massachusetts Institute of Technology, 1960.

［169］ Jingwen Xia J O A H. Reverse Technology Spillover Effects of Outward FDI to P. R. China: A Threshold Regression Analysis ［J］. Applied Economics Quarterly (formerly: Konjunkturpolitik), 2016 (1): 51 – 67.

［170］ Jonathan Isham; Daniel Kaufmann. The Forgotten Rationale for Policy Reform: The Productivity of Investment Projects ［J］. The Quarterly Journal of Economics. 1999, 114 (1): 149 – 184.

［171］ Kolstad I, Wiig A. What determines Chinese outward FDI? (Article) ［J］. Journal of World Business, 2012 (1): 26 – 34.

［172］ Leandro Do Rosario Viana Duarte Y K A L. The Relationship between FDI, Economic Growth and Financial Development in Cabo Verde ［J］. International Journal of Economics and Finance, 2017 (5): 132.

［173］ Lin P L P, Liu Z L Z, Zhang Y Z Y H. Do Chinese Domestic Firms Benefit from FDI Inflow? ［J］. China Economic Review, 2009 (4): 677 – 691.

［174］ Lipsey R E, Weiss M Y. Foreign Production and Exports of Individual Firms [J]. The Review of Economics and Statistics, 1984 (2): 304 – 308.

[175] Perroux F. Economic Space: Theory and Applications [J]. Quarterly Journal of Economics, 1950 (1): 89 – 104.

[176] Sadik A T, Bolbol A A. Capital Flows, FDI, and Technology Spillovers: Evidence from Arab Countries [J]. World Development, 2001 (1): 2111 – 2125.

[177] Shepherd B, Wilson JS. Trade Facilitation in ASEAN Member Countries [J]. World Bank Policy Research Working Paper, 2008 (4615): 1 – 43.

[178] Stephen H. The international operations of national firms: a study of direct foreign investment [M]. MIT Press, 1976.

[179] Tanzi, Vito. Globalization and the Future of Social Protection [J]. Scottish Journal of Political Economy, 2002, 49 (1): 116 – 127.

[180] Wagner J. Exports and Productivity: A Survey of The Evidence from Firm – Level Data [J]. The World Economy, 2007, 30 (1): 60 – 82.

附　录

2000～2022 年我国各省份出口贸易额 单位：亿美元

省份	2000年	2001年	2002年	2003年	2004年	2005年	2006年	2007年	2008年	2009年	2010年	2011年
北京	119.7	117.9	126.1	168.9	205.7	308.7	379.5	489.3	575.0	483.8	554.4	590.0
天津	86.3	94.9	116.3	143.5	208.5	273.8	334.9	380.7	421.0	298.9	374.8	444.8
河北	37.1	39.6	45.9	59.3	93.4	109.2	128.3	170.0	240.0	156.9	225.6	285.7
山西	12.4	14.7	16.6	22.7	40.3	35.3	41.4	65.3	92.5	28.4	47.0	54.3
内蒙古	9.7	6.3	8.1	11.6	13.5	17.7	21.4	29.4	35.9	23.2	33.3	46.9
辽宁	108.6	110.1	123.7	145.8	189.1	234.4	283.2	353.2	420.7	334.1	431.0	510.4
吉林	12.6	14.6	17.7	21.8	17.1	24.7	30.0	38.6	47.7	31.2	44.8	50.0
黑龙江	14.5	16.1	19.9	28.7	36.8	60.7	84.4	122.6	168.1	100.8	162.8	176.7
上海	253.5	276.2	320.4	484.5	735.1	907.2	1135.9	1438.5	1691.5	1418.0	1807.1	2096.7
江苏	257.7	288.7	384.7	591.1	874.9	1229.7	1604.1	2036.1	2380.3	1992.0	2705.4	3125.9
浙江	194.4	229.8	294.1	415.9	581.4	768.0	1008.9	1282.6	1543.0	1330.1	1804.6	2163.5
安徽	21.7	22.8	24.5	30.6	39.4	51.9	68.4	88.1	113.6	88.9	124.1	170.8
福建	129.1	139.3	173.7	211.3	293.9	348.4	412.6	499.4	569.9	533.2	714.9	928.4
江西	12.0	10.4	10.5	15.0	19.9	24.4	37.5	54.4	77.3	73.7	134.2	218.8
山东	155.3	181.2	211.1	265.6	358.4	461.2	586.0	751.1	931.9	794.9	1042.3	1257.1
河南	15.0	17.0	21.2	29.8	41.7	50.9	66.3	83.7	107.2	73.5	105.3	192.4
湖北	19.4	18.0	21.0	26.6	33.8	44.3	62.6	81.7	117.1	99.8	144.4	195.3
湖南	16.5	17.5	18.0	21.5	31.1	37.5	50.9	65.2	84.1	54.9	79.6	99.0
广东	919.2	954.3	1184.6	1528.5	1915.7	2381.6	3019.5	3693.6	4056.6	3589.5	4531.9	5319.3
广西	14.9	12.4	15.1	19.7	23.9	28.8	35.9	51.1	73.5	83.8	96.0	124.6
海南	8.0	8.0	8.2	8.7	10.9	10.2	13.8	13.6	15.9	13.1	23.2	25.4
重庆	10.0	11.0	10.9	15.8	20.9	25.2	33.5	45.1	57.2	42.8	74.9	198.3
四川	13.9	15.8	27.1	32.1	39.8	47.0	66.2	86.1	131.3	141.7	188.4	290.3
贵州	4.2	4.2	4.4	5.9	8.7	8.6	10.4	14.7	19.0	13.6	19.2	29.9

续表

省份	2000年	2001年	2002年	2003年	2004年	2005年	2006年	2007年	2008年	2009年	2010年	2011年
云南	11.8	12.4	14.3	16.8	22.4	26.4	33.9	47.7	49.8	45.1	76.1	94.7
西藏	1.1	0.8	0.8	1.2	1.3	1.7	2.2	3.3	7.1	3.8	7.7	11.8
陕西	13.1	11.1	13.8	17.3	24.0	30.8	36.3	46.8	53.8	39.9	62.1	70.4
甘肃	4.1	4.8	5.5	8.8	10.0	10.9	15.1	16.6	16.0	7.4	16.4	21.6
青海	1.1	1.5	1.5	2.7	4.5	3.2	5.3	3.9	4.2	2.5	4.7	6.6
宁夏	3.3	3.5	3.3	5.1	6.5	6.9	9.4	10.9	12.6	7.4	11.7	16.0
新疆	12.0	6.7	13.1	25.4	30.5	50.4	71.4	115.0	193.0	109.3	129.7	168.3

省份	2012年	2013年	2014年	2015年	2016年	2017年	2018年	2019年	2020年	2021年	2022年
北京	596.3	631.0	623.4	546.7	520.2	585.7	740.8	750.5	671.5	947.1	880.9
天津	483.1	490.0	525.9	511.6	442.8	435.6	488.1	437.9	443.5	599.3	560.8
河北	296.0	309.6	357.1	329.3	305.8	313.6	339.8	343.8	364.5	469.0	492.8
山西	70.2	80.0	89.4	84.2	99.3	102.0	122.7	116.9	126.8	211.4	180.2
内蒙古	39.7	40.9	63.9	56.5	44.0	48.8	57.5	54.7	50.4	74.0	91.9
辽宁	579.6	645.2	587.5	507.1	430.6	448.7	487.9	454.4	383.3	512.5	536.9
吉林	59.8	67.4	57.8	46.1	42.0	44.2	49.4	47.0	42.1	54.7	75.2
黑龙江	144.4	162.3	173.4	80.4	50.4	52.1	44.5	50.7	51.9	69.3	81.3
上海	2067.3	2041.8	2101.3	1959.1	1833.5	1936.4	2071.4	1989.9	1980.4	2432.3	2558.5
江苏	3285.2	3288.0	3418.3	3386.4	3190.5	3630.3	4039.7	3948.5	3961.3	5034.6	5193.2
浙江	2245.2	2487.5	2733.3	2763.3	2678.6	2867.9	3210.4	3346.0	3631.1	4661.0	5159.1
安徽	267.5	282.5	314.9	322.7	284.5	306.0	362.0	404.1	455.8	633.7	713.4
福建	978.3	1064.7	1134.5	1126.8	1036.8	1049.2	1155.3	1202.0	1223.8	1673.4	1820.5
江西	251.1	281.7	320.3	331.2	298.0	324.9	339.4	361.9	420.6	567.7	755.6
山东	1287.1	1341.9	1447.1	1439.3	1371.0	1470.4	1601.2	1614.4	1889.2	2718.4	2883.6
河南	296.8	359.9	393.8	430.6	428.1	470.3	537.8	542.1	593.0	777.8	780.8
湖北	194.0	228.4	266.4	292.1	260.4	304.9	340.7	360.0	390.6	543.0	625.9
湖南	126.0	148.2	199.4	191.4	176.9	231.7	305.4	445.4	478.2	652.0	768.6
广东	5740.5	6363.6	6460.9	6431.7	5986.0	6228.7	6465.0	6294.5	6282.6	7818.6	7990.5
广西	154.7	186.9	243.3	279.3	229.3	280.9	327.9	377.5	391.8	454.5	529.6
海南	31.4	37.1	44.2	37.4	21.3	43.7	44.9	49.9	40.2	50.7	107.3
重庆	385.7	468.0	634.0	551.9	406.5	426.0	513.5	538.0	605.3	800.0	783.6
四川	384.7	419.5	448.4	330.9	279.5	375.5	503.7	565.5	672.4	884.1	927.4
贵州	49.5	68.9	94.0	99.5	47.4	57.9	51.2	47.4	62.3	75.4	68.2

续表

省份	2012年	2013年	2014年	2015年	2016年	2017年	2018年	2019年	2020年	2021年	2022年
云南	100.2	156.7	187.9	166.2	114.9	114.7	128.1	150.2	221.4	273.4	229.6
西藏	33.6	32.7	21.0	5.9	4.7	4.3	4.3	5.4	1.9	3.5	6.5
陕西	86.5	102.3	139.3	147.9	158.4	245.4	316.0	272.2	278.9	396.9	447.2
甘肃	35.7	46.8	53.3	58.1	40.6	17.1	22.1	19.1	12.4	15.0	18.0
青海	7.3	8.5	11.3	16.4	13.7	4.2	4.7	2.9	1.8	2.6	3.6
宁夏	16.4	25.5	43.0	29.6	24.9	36.5	27.3	21.6	12.5	27.1	24.2
新疆	193.5	222.7	234.8	175.0	155.8	176.3	164.1	180.4	158.3	197.0	310.4

资料来源：国家统计局官网，https：//www.stats.gov.cn/sj/。

附表 2　　　　2000～2022 年我国各省份出口贸易依存度　　　单位：%

省份	2000年	2001年	2002年	2003年	2004年	2005年	2006年	2007年	2008年	2009年	2010年	2011年
北京	30.23	25.26	23.07	26.54	27.23	35.36	36.08	35.69	33.80	25.62	25.08	22.17
天津	44.86	44.72	49.96	52.60	65.84	71.01	75.46	69.62	56.42	35.76	37.15	35.41
河北	6.64	6.47	6.89	7.75	10.19	10.20	10.19	10.64	11.74	7.00	8.48	8.63
山西	5.55	5.99	5.92	6.59	9.55	7.09	7.00	8.37	8.90	2.71	3.58	3.22
内蒙古	5.22	3.03	3.44	4.01	3.81	4.12	4.10	4.33	4.00	2.23	2.75	3.20
辽宁	19.25	18.10	18.75	20.43	24.20	26.44	26.91	26.10	24.07	17.81	21.00	20.16
吉林	5.94	6.36	7.16	8.44	5.78	7.28	7.40	7.19	6.85	3.93	4.73	4.17
黑龙江	4.21	4.38	5.07	6.59	7.37	10.45	12.62	15.21	16.36	9.54	13.27	11.49
上海	43.61	43.49	45.76	58.94	75.09	80.80	85.43	84.93	80.81	61.53	68.28	67.68
江苏	24.94	25.27	30.02	39.32	48.85	55.59	60.20	59.57	53.42	39.47	44.25	41.34
浙江	26.11	27.45	30.28	35.30	41.91	48.29	52.56	52.32	50.35	39.79	44.59	43.87
安徽	5.75	5.39	5.30	5.89	6.35	7.49	8.39	8.44	8.29	5.59	6.34	6.78
福建	28.38	27.92	32.18	34.98	42.59	44.49	44.04	40.72	36.21	29.33	32.26	33.47
江西	4.95	3.95	3.56	4.43	4.86	5.07	6.37	7.17	7.74	6.60	9.68	12.20
山东	15.53	16.53	17.34	20.16	22.29	23.69	24.63	25.14	23.88	18.38	20.80	20.78
河南	2.45	2.55	2.91	3.55	4.11	4.07	4.42	4.30	4.20	2.62	3.15	4.72
湖北	4.52	3.83	4.12	4.62	5.05	5.61	6.63	6.58	7.07	5.17	6.02	6.33
湖南	3.85	3.79	3.58	3.81	4.64	4.82	5.46	5.34	5.17	2.94	3.46	3.38
广东	70.39	65.13	72.09	79.17	84.98	88.83	92.72	88.47	76.76	62.13	66.77	64.73
广西	5.93	4.49	4.94	5.83	5.97	3.00	6.48	7.10	7.90	8.04	7.60	7.81
海南	12.62	11.40	10.55	10.04	11.27	9.47	10.67	8.41	7.47	5.52	7.77	6.66

续表

省份	2000年	2001年	2002年	2003年	2004年	2005年	2006年	2007年	2008年	2009年	2010年	2011年
重庆	4.52	4.53	3.96	5.02	5.66	5.99	6.85	7.18	6.74	4.40	6.29	12.61
四川	2.94	3.05	4.75	4.97	5.23	5.35	6.22	6.20	7.15	6.82	7.40	8.91
贵州	3.38	3.08	2.94	3.41	4.35	3.63	3.66	3.91	3.77	2.40	2.88	3.43
云南	4.79	4.77	5.02	5.27	5.91	6.19	6.61	7.14	5.75	4.69	6.66	6.42
西藏	7.96	4.90	4.14	5.40	4.95	5.57	6.20	7.21	12.34	5.75	10.18	12.49
陕西	6.01	4.56	5.05	5.55	6.31	6.60	6.30	6.26	5.21	3.41	4.27	3.73
甘肃	3.26	3.50	3.69	5.19	4.99	4.79	5.46	4.71	3.62	1.54	2.81	2.89
青海	3.52	4.11	3.67	5.89	8.48	5.30	7.28	4.08	3.25	1.83	2.76	3.12
宁夏	9.19	8.63	7.20	9.57	10.29	9.71	11.00	9.41	7.67	4.01	5.04	5.35
新疆	7.31	3.71	6.72	11.13	11.62	16.38	19.24	24.99	32.36	17.63	16.38	16.64

省份	2012年	2013年	2014年	2015年	2016年	2017年	2018年	2019年	2020年	2021年	2022年
北京	19.79	18.49	16.70	13.74	12.78	13.23	14.81	14.61	12.89	14.89	14.24
天津	33.72	30.52	30.36	29.29	25.63	23.62	24.17	21.49	21.84	24.67	23.13
河北	8.10	7.90	8.70	7.77	7.13	6.91	6.92	6.78	6.98	7.49	7.82
山西	3.79	4.13	4.54	4.43	5.52	4.75	5.09	4.75	4.90	5.96	4.73
内蒙古	2.39	2.22	3.23	2.72	2.12	2.21	2.36	2.19	2.01	2.26	2.67
辽宁	20.50	20.80	18.02	15.63	14.03	13.96	13.73	12.61	10.57	11.99	12.46
吉林	4.35	4.43	3.56	2.87	2.68	2.73	2.91	2.77	2.37	2.68	3.87
黑龙江	8.27	8.48	8.75	4.28	2.81	2.86	2.29	2.58	2.63	3.01	3.44
上海	61.25	54.50	51.08	45.38	40.75	39.71	38.06	36.14	35.06	35.95	38.54
江苏	38.62	34.31	32.39	29.60	27.40	28.54	28.68	27.61	26.58	27.67	28.43
浙江	41.22	41.26	41.95	39.56	37.65	36.95	36.63	36.95	38.72	40.61	44.65
安徽	9.21	8.50	8.59	8.43	7.18	6.96	7.04	7.57	8.26	9.60	10.65
福建	30.59	29.30	27.94	26.17	23.26	20.93	19.76	19.59	19.36	21.78	23.06
江西	12.38	12.20	12.56	12.29	10.76	10.85	9.89	10.12	11.25	12.28	15.85
山东	18.91	17.55	17.51	16.21	15.50	15.76	15.90	15.79	17.90	21.16	22.18
河南	6.47	7.05	7.00	7.23	7.06	7.08	7.13	6.96	7.54	8.64	8.56
湖北	5.42	5.57	5.79	6.00	5.19	5.53	5.37	5.47	6.27	6.99	7.83
湖南	3.75	3.90	4.73	4.18	3.81	4.62	5.56	7.70	7.94	9.20	10.62
广东	63.57	63.05	58.22	53.60	48.39	45.89	42.81	40.21	38.99	40.44	41.62
广西	8.64	9.30	11.00	11.76	9.45	10.66	11.05	12.26	12.22	11.63	13.54
海南	7.10	7.37	7.87	6.24	3.45	6.55	6.05	6.45	4.99	5.03	10.59

续表

省份	2012年	2013年	2014年	2015年	2016年	2017年	2018年	2019年	2020年	2021年	2022年
重庆	21.00	22.25	26.63	21.43	14.98	14.33	15.74	15.72	16.67	18.38	18.09
四川	10.15	9.80	9.53	6.79	5.60	6.69	7.77	8.41	9.56	10.55	10.99
贵州	4.64	5.35	6.29	5.88	2.67	2.88	2.21	1.95	2.40	2.50	2.27
云南	5.70	7.57	8.22	6.92	4.66	4.19	4.06	4.46	6.22	6.49	5.33
西藏	29.82	24.45	13.73	3.50	2.67	2.17	1.83	2.20	0.68	1.09	2.05
陕西	3.86	3.98	4.92	5.15	5.52	7.72	8.73	7.28	7.39	8.50	9.18
甘肃	4.18	4.82	5.02	5.52	3.91	1.57	1.81	1.51	0.95	0.95	1.08
青海	3.01	3.06	3.75	5.09	4.03	1.16	1.13	0.69	0.41	0.50	0.67
宁夏	4.86	6.79	10.68	7.15	5.94	7.70	5.15	3.97	2.18	3.81	3.21
新疆	16.48	16.43	15.57	11.71	10.75	10.67	8.48	9.15	7.91	7.79	11.77

资料来源：国家统计局官网，https：//www.stats.gov.cn/sj/。

附表3　　　　2000～2022年我国各省份进口贸易额　　　　单位：亿美元

省份	2000年	2001年	2002年	2003年	2004年	2005年	2006年	2007年	2008年	2009年	2010年	2011年
北京	376.5	397.5	398.9	516.1	740.1	946.4	1200.8	1440.7	2141.9	1663.5	2462.9	3305.6
天津	85.3	86.8	111.8	149.9	211.8	259.0	309.7	333.8	383.0	339.4	446.2	588.9
河北	15.3	17.8	20.7	30.5	41.9	51.5	57.0	85.2	144.2	139.4	195.0	250.3
山西	5.3	4.7	6.5	8.2	13.5	20.2	24.9	50.5	51.4	57.3	78.7	93.2
内蒙古	16.5	14.1	16.3	16.7	23.7	31.0	38.2	47.9	53.3	44.6	54.0	72.4
辽宁	81.8	88.0	93.7	119.3	155.0	175.7	200.7	241.5	303.6	295.2	376.1	449.9
吉林	13.1	17.5	19.3	39.7	50.8	40.6	49.2	64.4	85.6	86.2	123.7	170.6
黑龙江	15.4	17.7	23.6	24.6	31.1	35.0	44.2	50.4	63.2	61.5	92.3	208.5
上海	293.6	332.7	405.9	638.9	865.0	956.2	1139.3	1390.1	1529.1	1359.4	1882.4	2278.7
江苏	198.7	224.8	318.2	545.0	833.5	1049.6	1235.7	1458.6	1542.4	1395.4	1952.6	2269.9
浙江	83.9	98.2	125.6	198.2	270.7	305.9	382.5	485.8	568.4	547.2	730.7	930.3
安徽	11.7	13.4	17.3	28.8	32.7	39.3	54.1	71.2	88.2	67.9	118.6	142.3
福建	83.1	87.0	110.3	141.9	181.3	195.7	214.0	245.1	278.3	263.3	372.9	506.8
江西	4.3	4.9	6.4	10.2	15.3	16.3	24.4	40.0	58.9	54.1	82.0	95.9
山东	94.6	108.3	128.6	180.8	248.1	306.1	366.2	473.6	652.1	595.6	849.3	1101.7
河南	7.9	10.8	10.8	17.3	24.4	26.4	31.6	44.1	67.6	61.3	73.0	133.8
湖北	12.9	17.8	18.5	24.5	33.8	46.3	55.0	67.0	90.0	72.7	114.9	140.5
湖南	8.6	10.0	10.8	15.9	23.4	22.5	22.6	31.7	41.3	46.6	67.0	90.4

续表

省份	2000年	2001年	2002年	2003年	2004年	2005年	2006年	2007年	2008年	2009年	2010年	2011年
广东	781.8	810.7	1026.3	1306.8	1655.6	1898.1	2252.5	2648.7	2793.0	2521.4	3317.0	3815.4
广西	5.4	5.6	9.2	12.2	18.9	23.0	30.7	41.5	58.9	58.8	81.4	109.0
海南	4.8	9.5	10.5	14.1	23.1	15.2	14.7	21.5	29.4	35.7	63.3	102.1
重庆	7.9	7.3	7.0	10.1	17.7	17.7	21.2	29.3	38.0	34.3	49.4	93.8
四川	11.5	15.2	17.6	24.3	28.9	32.0	44.0	57.7	89.8	100.0	138.5	187.0
贵州	2.4	2.2	2.5	4.0	6.5	5.4	5.8	8.0	14.7	9.5	12.3	19.0
云南	6.4	7.4	8.0	9.9	15.0	21.0	28.3	40.3	46.1	35.3	58.2	65.6
西藏	0.2	0.1	0.5	0.4	0.7	0.4	1.1	0.7	0.6	0.3	0.7	1.8
陕西	8.3	9.5	8.5	10.5	12.5	15.0	17.3	22.1	29.5	44.2	58.9	76.1
甘肃	1.5	3.0	3.3	4.5	7.7	15.4	23.2	38.7	44.9	31.3	57.7	65.7
青海	0.5	0.6	0.5	0.7	1.2	0.9	1.2	2.3	2.7	3.3	3.2	2.6
宁夏	1.2	1.8	1.1	1.4	2.6	2.8	4.9	5.0	6.2	4.6	7.9	6.9
新疆	10.6	11.0	13.8	22.3	25.9	29.0	19.6	22.1	29.2	30.1	41.6	59.9

省份	2012年	2013年	2014年	2015年	2016年	2017年	2018年	2019年	2020年	2021年	2022年
北京	3484.8	3659.0	3531.8	2647.7	2303.3	2654.5	3384.1	3414.1	2693.3	3762.9	4580.0
天津	673.2	795.0	813.0	631.2	583.8	693.6	737.5	628.5	619.7	726.0	685.3
河北	209.6	239.5	241.7	185.8	161.0	185.0	199.2	236.6	280.2	369.5	331.1
山西	80.3	78.0	72.9	62.6	67.3	69.9	84.9	92.9	91.6	133.9	94.9
内蒙古	72.9	79.0	81.6	70.8	72.4	90.0	99.4	104.7	101.8	117.4	133.3
辽宁	461.3	499.6	552.5	452.4	434.9	547.3	658.1	598.8	565.0	682.1	649.6
吉林	185.8	190.9	206.0	142.6	142.5	141.2	157.3	142.0	143.2	177.8	158.7
黑龙江	231.6	226.5	215.7	129.8	115.0	137.4	219.9	220.4	170.4	239.3	315.6
上海	2298.6	2370.9	2562.7	2533.3	2504.2	2825.5	3085.4	2949.1	3057.9	3852.9	3699.6
江苏	2194.4	2220.0	2217.2	2069.2	1902.4	2277.5	2599.4	2346.9	2467.1	3030.1	2949.9
浙江	878.8	870.4	817.1	704.5	687.1	911.1	1113.2	1126.2	1254.3	1748.3	1873.9
安徽	125.4	172.7	176.9	155.7	159.7	234.3	266.4	283.2	331.3	436.3	417.5
福建	581.1	628.5	639.6	561.7	531.5	661.0	718.8	729.1	812.0	1179.1	1153.4
江西	83.0	85.8	107.1	92.8	102.3	118.5	142.4	147.0	159.7	202.4	238.2
山东	1168.4	1323.4	1322.2	966.8	972.6	1175.1	1322.8	1355.6	1312.9	1820.3	1945.0
河南	220.6	239.7	255.9	307.2	284.1	306.0	290.4	282.9	379.7	492.3	490.2
湖北	125.7	135.4	164.0	163.4	133.5	158.5	187.1	211.7	231.8	287.8	295.0
湖南	93.5	103.5	108.9	101.6	85.5	128.6	159.3	183.1	228.6	272.0	282.4

续表

省份	2012年	2013年	2014年	2015年	2016年	2017年	2018年	2019年	2020年	2021年	2022年
广东	4099.7	4552.2	4305.0	3793.2	3567.0	3838.1	4379.6	4071.4	3957.7	4977.1	4464.5
广西	140.2	141.3	162.2	231.6	247.0	297.9	295.1	304.8	312.4	462.7	430.4
海南	111.9	112.8	114.5	102.2	92.2	60.1	82.5	81.7	95.6	176.8	192.9
重庆	146.4	219.0	320.3	192.8	221.0	240.1	276.6	301.5	336.6	438.1	436.4
四川	206.7	226.3	253.6	181.0	213.6	305.5	395.5	418.6	496.6	590.2	579.5
贵州	16.8	14.0	13.7	22.7	9.6	23.7	24.8	18.3	16.6	25.9	40.3
云南	110.0	96.3	108.2	78.8	84.1	119.8	170.5	186.7	169.9	213.4	256.1
西藏	0.7	0.5	1.5	3.3	3.1	4.3	2.9	1.6	1.2	2.7	0.4
陕西	61.5	99.0	134.3	157.1	141.1	156.6	217.1	238.1	267.1	338.7	267.7
甘肃	53.3	55.6	33.1	21.4	27.7	31.2	38.0	36.1	42.9	61.1	67.8
青海	4.3	5.6	5.9	2.9	1.6	2.3	2.6	2.5	1.5	2.3	2.5
宁夏	5.8	6.7	11.3	7.8	7.7	13.9	10.4	13.3	5.3	6.1	8.0
新疆	58.2	52.9	41.9	21.7	20.6	29.4	35.9	56.6	55.4	46.0	55.6

资料来源：国家统计局官网，https：//www.stats.gov.cn/sj/。

附表 4　　2000～2022 年我国各省份进口贸易依存度　　单位：%

地区	2000年	2001年	2002年	2003年	2004年	2005年	2006年	2007年	2008年	2009年	2010年	2011年
北京	95.1	85.2	73.0	81.1	98.0	108.4	114.1	105.1	125.9	88.1	111.4	124.2
天津	44.4	40.9	48.0	55.0	66.9	67.2	69.8	61.0	51.3	40.6	44.2	46.9
河北	2.7	2.9	3.1	4.0	4.6	4.8	4.5	5.3	7.1	6.2	7.3	7.6
山西	2.4	1.9	2.3	2.4	3.2	4.1	4.2	6.5	4.9	5.5	6.0	5.5
内蒙古	8.9	6.8	6.9	5.8	6.7	7.2	7.3	7.1	5.9	4.3	4.5	4.9
辽宁	14.5	14.5	14.2	16.7	19.8	19.8	19.1	17.8	17.4	15.7	18.3	17.8
吉林	6.2	7.9	7.8	15.3	17.1	12.0	12.1	12.0	12.3	10.8	13.1	14.2
黑龙江	4.5	4.8	6.0	5.6	6.2	6.0	6.6	6.3	6.2	5.8	7.5	13.6
上海	50.5	52.4	58.0	77.7	88.4	85.2	85.7	82.1	73.1	59.0	71.1	73.6
江苏	19.2	19.7	24.8	36.3	46.5	47.4	46.4	42.7	34.6	27.7	31.9	30.0
浙江	11.3	11.7	12.9	16.8	19.5	19.2	19.9	19.8	18.5	16.4	18.1	18.9
安徽	3.1	3.2	3.7	5.5	5.3	5.7	6.6	6.8	6.4	4.3	6.1	5.6
福建	18.3	17.7	20.4	23.5	26.3	25.0	22.8	20.0	17.7	14.5	16.8	18.3
江西	1.8	1.9	2.2	3.0	3.7	3.4	4.1	5.3	5.9	4.8	5.9	5.3
山东	9.5	9.9	10.5	13.7	15.4	15.7	15.4	15.9	16.7	13.8	16.9	18.2

地区	2000年	2001年	2002年	2003年	2004年	2005年	2006年	2007年	2008年	2009年	2010年	2011年
河南	1.3	1.6	1.5	2.1	2.4	2.1	2.1	2.3	2.6	2.2	2.2	3.3
湖北	3.0	3.8	3.6	4.3	5.0	5.9	5.8	5.4	5.4	3.8	4.8	4.6
湖南	2.0	2.2	2.2	2.8	3.5	2.9	2.4	2.6	2.5	2.5	2.9	3.1
广东	59.9	55.3	62.5	67.7	73.4	70.8	69.2	63.5	52.8	43.6	48.9	46.4
广西	2.2	2.0	3.0	3.6	4.7	5.0	5.5	5.8	6.3	5.6	6.4	6.8
海南	7.6	13.6	13.5	16.3	23.8	14.1	11.4	13.2	13.9	15.1	21.2	26.8
重庆	3.6	3.0	2.5	3.2	4.8	4.2	4.3	4.7	4.5	3.5	4.1	6.0
四川	2.4	2.9	3.1	3.8	3.8	3.6	4.1	4.2	4.9	4.8	5.4	5.7
贵州	1.9	1.6	1.7	2.3	3.2	2.3	2.0	2.1	2.9	1.7	1.8	2.2
云南	2.6	2.9	2.8	3.1	4.0	4.9	5.5	6.0	5.3	3.7	5.1	4.4
西藏	1.2	0.6	2.5	1.7	2.6	1.4	3.0	1.5	1.0	0.4	0.9	1.9
陕西	3.8	3.9	3.1	3.4	3.3	3.2	3.0	3.0	2.9	3.8	4.1	4.8
甘肃	1.2	2.2	2.2	2.7	3.8	6.8	8.4	11.0	10.2	6.5	9.9	8.8
青海	1.5	1.5	1.1	1.4	2.3	1.5	1.6	2.4	2.1	2.4	1.9	1.2
宁夏	3.2	4.4	2.5	2.6	4.2	3.9	5.8	4.3	3.8	2.5	3.4	2.3
新疆	6.4	6.1	7.1	9.8	9.9	9.4	5.3	4.8	4.9	4.9	5.3	5.9

地区	2012年	2013年	2014年	2015年	2016年	2017年	2018年	2019年	2020年	2021年	2022年
北京	115.6	107.2	94.6	66.6	56.6	60.0	67.6	66.4	51.7	59.1	74.0
天津	47.0	49.5	46.9	36.1	33.8	37.6	36.5	30.8	30.5	29.9	28.3
河北	5.7	6.1	5.9	4.4	3.8	4.1	4.1	4.7	5.4	5.9	5.3
山西	4.3	4.0	3.7	3.3	3.7	3.3	3.5	3.8	3.5	3.8	2.5
内蒙古	4.4	4.3	4.1	3.4	3.5	4.1	4.1	4.2	4.1	3.6	3.9
辽宁	16.3	16.1	16.9	13.9	14.2	17.0	18.5	16.6	15.6	16.0	15.1
吉林	13.5	12.5	12.7	8.9	9.1	8.7	9.3	8.4	8.1	8.7	8.2
黑龙江	13.3	11.8	10.9	6.9	6.4	7.5	11.3	11.2	8.6	10.4	13.3
上海	68.1	63.3	62.3	58.7	55.7	57.9	56.7	53.6	54.1	56.9	55.7
江苏	25.8	23.2	21.0	18.1	16.3	17.9	18.5	16.4	16.6	16.7	16.1
浙江	16.1	14.4	12.5	10.1	9.7	11.7	12.7	12.4	13.4	15.2	16.2
安徽	4.3	5.2	4.8	4.1	4.0	5.3	5.2	5.3	6.0	6.6	6.2
福建	18.2	17.3	15.8	13.0	11.9	13.2	12.3	11.9	12.8	15.3	14.6
江西	4.1	3.7	4.2	3.4	3.7	4.0	4.1	4.1	4.3	4.4	5.0
山东	17.2	17.3	16.0	10.9	11.0	12.6	13.1	13.3	12.4	14.2	15.0

续表

地区	2012年	2013年	2014年	2015年	2016年	2017年	2018年	2019年	2020年	2021年	2022年
河南	4.8	4.7	4.5	5.2	4.7	4.6	3.8	3.6	4.8	5.5	5.4
湖北	3.5	3.3	3.6	3.4	2.7	2.9	2.9	3.2	3.7	3.7	3.7
湖南	2.8	2.7	2.6	2.2	1.8	2.6	2.9	3.2	3.8	3.8	3.9
广东	45.4	45.1	38.8	31.6	28.8	28.3	29.0	26.0	24.6	25.7	23.3
广西	7.8	7.0	7.3	9.7	10.2	11.3	9.9	9.9	9.7	11.8	11.0
海南	25.3	22.4	20.4	17.1	15.0	9.0	11.1	10.6	11.9	17.5	19.0
重庆	8.0	10.4	13.5	7.5	8.1	8.1	8.5	8.8	9.3	10.1	10.1
四川	5.5	5.3	5.4	3.7	4.3	5.4	6.1	6.2	7.1	7.0	6.9
贵州	1.6	1.1	0.9	1.3	0.5	1.2	1.1	0.8	0.7	0.9	1.3
云南	6.3	4.7	4.7	3.3	3.4	4.4	5.4	5.5	4.8	5.1	5.9
西藏	0.6	0.4	1.0	2.0	1.8	2.2	1.3	0.7	0.4	0.8	0.1
陕西	2.7	3.9	4.7	5.5	4.9	4.9	6.0	6.4	7.1	7.3	5.5
甘肃	6.2	5.7	3.1	2.0	2.7	2.9	3.1	2.9	3.3	3.9	4.1
青海	1.8	2.0	2.0	0.9	0.5	0.6	0.6	0.6	0.4	0.4	0.5
宁夏	1.7	1.8	2.8	1.9	1.8	2.9	2.0	2.4	0.9	0.9	1.1
新疆	5.0	3.9	2.8	1.5	1.4	1.8	1.9	2.9	2.8	1.8	2.1

后 记

本书是笔者承担的国家社会科学基金青年项目"双循环格局下中国企业境外上市对资本配置效率的影响研究"（项目编号：21CGJ045）和河北省软科学研究专项项目"河北省企业境外上市对科技水平的影响研究"（项目编号：23557639D）的阶段性研究成果。本书还得到了国家社会科学基金项目"双重冲击下中国进口高质量发展机制与路径研究"（项目编号：21BJY009）和河北省高等学校人文社会科学重点研究基地——河北大学共同富裕研究中心的出版资助，在此表示感谢！

感谢河北大学共同富裕研究中心主任宋凤轩教授的引导。2021年7月起在宋老师的指导下，我开始关注共同富裕领域的前沿问题，并结合本人的研究方向，尝试从对外开放的视角探讨如何促进我国实现共同富裕目标。在本书的选题和章节设计过程中，宋老师提出了诸多宝贵意见，在此表示感谢！

感谢河北大学经济学院马文秀导师的指导。2014年9月，我有幸考取河北大学经济学院世界经济专业硕士研究生并得到马老师的指导。多年来，马老师一直在学术上严格要求，敦促我不断进步和提高。在本书的撰写过程中，马老师给予了诸多修改意见，在此表示感谢！

2023年12月底，本书部分研究内容以讲座形式在河北大学经济学院组织的"经济视界"进行了汇报，汇报过程中王延杰教授、张晓华副教授、王丽华副教授、李敏副教授、李瑞副教授、史巧玲博士等提出了诸多宝贵意见，在此表示感谢！

经济科学出版社宋艳波副编审为本书的出版付出了辛苦的工作，在此表示感谢！

在本书的撰写过程中，课题组成员查阅了大量国内外文献资料，从中获得了诸多灵感，在此对各位作者表示感谢！

因个人水平有限，书中不当之处请各位同仁批评指正！

乔敏健
2024 年 10 月于河北大学